高校财务管理

顾　艳　莫翔雁　著

延边大学出版社

图书在版编目（CIP）数据

高校财务管理 / 顾艳，莫翔雁著. -- 延吉：延边
大学出版社，2022.9
　　ISBN 978-7-230-03820-1

　　Ⅰ. ①高… Ⅱ. ①顾… ②莫… Ⅲ. ①高等学校－财
务管理－研究－中国 Ⅳ. ①G647.5

　　中国版本图书馆CIP数据核字(2022)第167918号

高校财务管理

著　　者：顾　艳　莫翔雁
责任编辑：乔双莹
封面设计：正合文化
出版发行：延边大学出版社
社　　址：吉林省延吉市公园路977号　　　　邮　　编：133002
网　　址：http://www.ydcbs.com　　　　E-mail：ydcbs@ydcbs.com
电　　话：0433-2732435　　　　　　　　传　　真：0433-2732434
印　　刷：北京宝莲鸿图科技有限公司
开　　本：787×1092　1/16
印　　张：10
字　　数：200 千字
版　　次：2022 年 9 月 第 1 版
印　　次：2022 年 9 月 第 1 次印刷
书　　号：ISBN 978-7-230-03820-1

定价：68.00元

前　　言

随着社会的发展，人们对高校财务管理提出了更高的要求，希望高校管理部门能够制定一个相对细化的财务清单，同时要求高校能够与时俱进，注意对科研方面的投入，从而有效提高教学水平。另外，近年来国家对高校的资金投入增加，这就要求高校能够进行有效的财务管理，从而确保资金能够被用到实处。然而，各个部门缺乏明确的工作措施，对各项制度的制定都不够完善，导致当前的高校财务管理存在一系列问题。因此，针对高校财务管理中的问题进行研究就显得尤为重要。

随着高校规模的不断壮大，其财务经营活动也逐渐丰富起来。为了维护高校的财经制度，合理地利用资源，努力做到收支平衡，提升财务管理水平，笔者对高校财务管理工作进行了探索：从内容、特点、模式、目标、环境的角度对高校财务管理进行了介绍；对高校财务治理与战略管理进行详细论述；从定义、分类、职能、原则四个方面介绍高校预算管理，对其现状与管理不力的原因进行分析，并提出改进建议；对高校财务的内部控制进行分析；从资产管理、票据管理、财会人员管理、内部审计管理四个方面对高校各项财务管理的具体情况进行阐述；对高校财务风险管理进行探讨，并提出防范措施。

为了提升本书的学术性与严谨性，在撰写过程中，笔者参阅了大量的文献资料，引用了诸多学者的研究成果，因篇幅有限，不能一一列举，在此一并表示最诚挚的感谢。由于时间仓促，加之笔者水平有限，本书中难免出现不足的地方，希望各位读者不吝赐教，提出宝贵的意见，以便笔者在今后的学习中加以改进。

笔者

2022 年 6 月

前　言

目　　录

第一章 高校财务管理的基本内容

高校财务管理是高校内部管理的重要组成部分。财务管理质量的优劣，直接影响高校各项事业的筹划和发展。在知识经济时代，随着社会主义市场经济体制的发展，高校财务管理已不仅仅是对简单的资金流量的管理，而是在高校范围内有关资金的筹集、调拨、融通、组织、使用、结算、分配，以及资金使用效益管理工作的总称，就是要实现对各相关利益主体经济关系的调整和资源的配置，执行计划、组织、控制、协调直至评价职能等所采取的各种方法和活动。

为适应环境的变化，满足形势发展的要求，应在新形势下探讨高校财务管理。本章从内容与特点、模式、环境、目标四个维度对高校财务管理进行解析，旨在及时对高校财务职能进行必要的拓展和合理的定位，更好地为高校的发展和改革服务，为此后深度探究奠定基础。

第一节 高校财务管理内容与特点

一、高校财务管理内容

高校财务控制内容是在实现高校财务管理目标的过程中，对经济活动内容所实施的控制。高校财务管理内容包括对高校资金筹集、分配、使用的管理，涉及预算、实施、决策、控制、分析、监督管理等环节。财务控制思想贯穿财务管理的整个过程，管理过程中有控制的思想，控制过程中有管理的内容，财务管理与控制是不可分割的整体。

高校财务管理作为财务管理的一个分支，具有财务管理的共性，但也有其自身的特性。高校财务管理是高校组织本单位的财务活动，是处理各种财务关系的一项经济管理工作。高校财务活动是高校资金收支活动的总称，包括资金的筹措、使用、节余等。高校财务管理活动与高校日常管理紧密联系。财务管理的好坏，直接体现了高校管理水平的高低。高校财务管理的内容主要包括以下几点。

（一）资金的筹集

资金的筹集渠道主要有财政拨款、向主管部门申请各类专项资金、收取学费，以及筹措其他各种收入等。这项管理内容涉及资金收入预测和实施环节，即对筹集的资金项目和筹资总额进行预测，并对预测行为付诸实施，以取得实际的筹资收入。

（二）资金的分配

资金的分配是根据学校的发展规划进行资金使用额度的预算分配，即将筹集的资金投向哪些方面。这项管理内容涉及预测和决策两个环节，即支出总额的预测、资金投向的决策。

（三）资金的使用

资金的使用是在资金分配的基础上进行的支出管理和控制。根据各项目的资金预算，对项目资金使用过程进行监控，使支出范围和支出金额符合预算的要求。这项管理内容涉及控制、分析两个环节，即控制超预算支出、分析预算执行情况等。

资金的筹集、分配、使用都涉及监督管理环节，必须有作为第三方的内部审计部门予以监督控制。

二、高校财务管理特点

在新形势下，高校财务管理有其时代性，呈现出新的特点，即经济活动多样化、核算体系复杂化、筹资渠道多元化和管理趋向规范化。

（一）经济活动多样化

在新形势下，高校为了生存和发展，在开展教学的同时，加大了科研项目、技术开发、咨询服务、对外投资和生产经营等各项经济业务活动的力度，使得高校财务管理增添了新的内容。为了配合信息公开化的要求，满足各经济利益主体的需要，高校更加注重成本效益管理。这对高校财务管理的精细化提出了更高的要求。

（二）筹资渠道多元化

随着经济社会的发展和高校独立法人地位的确立，高等教育体制发生了转变，促进了高校经费来源渠道和投资主体的多元化格局的形成。高校除了积极争取国家、各级政府及主管部门的经费拨款与补助，还依靠拓展办学模式、开展科技协作、转让科技成果、吸纳社会捐赠、获取偿还性贷款等各种方式进行筹资。目前，我国已基本形成了通常所说的"财、费、税、产、社、基、科、贷、息"九个高等教育经费来源渠道，形成了多元化、多层次的筹资格局。

（三）核算体系复杂化

多元化资金来源使得高校办学成本越来越受到社会的关注，对高校会计核算提出了更高的要求。高校财务管理的目标也从单一的以资金收付核算为中心的记账式微观管理，转向以微观管理为基础，重点解决资金筹措、调拨，以及提高资金使用效益等宏观经济管理的轨道上来，依据高校资源市场规则，树立经营高校的理念，为高校发展创造良好的经济环境。

（四）管理趋向规范化

高校应在遵守国家财务法规、政策和制度的前提下，建立健全适合高校具体财务情况的规章制度，科学编制预算，加强预算管理，把高校全部收支作为预算统一管理。以前财务支出普遍实行"一支笔"审批制度，在新形势下，高校要集中校内各级各单位的财权及其责任，加强财务管理，维护财务纪律，严格、合理地执行经费预算，提高资金使用效率，确保高校发展计划的顺利进行。在网络信息环境下，计算机普遍应用，会计电算化普遍实行，这使财务数据的取得更加全面、快捷、简单、准确，使高校财务管理系统更加规范。各高校要根据主管部门要求，按照统一格式填报各类报表，促使财务报告规范化；在校长负责制的基础上，健全校内各级经济责任制度，成立财经领导小组，对一些涉及学校发展的重大决策问题，通过财经领导小组人员集体决策；建立高校贷款风险预警机制，成立专门部门或安排专人负责贷款管理工作；确定财务处为全校财务管理的职能部门，配备具有相应会计专业技术职称的财会人员，加强财会人员的职业道德修养，注重财会人员的培训。

第二节　高校财务管理模式

一、高校财务管理模式类型

高校财务管理的模式可以分为完全分散管理模式、准分散管理模式、准集中管理模式和集中管理模式四种。

（一）完全分散管理模式

完全分散管理模式就是校院两级管理中以学院为主导的财务管理模式，也就是国外的责任中心管理。这是一种基于分散财务权利和责任的财务管理模式，其前提是学校有权对所有收入进行调节使用。在这种模式下，虽然仍是由学校实行统一领导，但是学校只留下很少一部分用以维持行政部门运转的经费和一部分应急经费，将绝大部分资金分配给学院。学院可以对学校分配的各项经费和创收留成收入，根据事业发展需要进行调整、使用。完全分散管理模式使学院能够更加直接地参与预算的制定和资源的配置过程，增强了各学院预算及资源分配的灵活性，能有效地解决资源不足所带来的问题。

（二）准分散管理模式

这种管理模式与准集中管理模式相比，扩大了学院对资金的支配权和控制权。学校将国家教育事业费拨款中可供调配的资金（不含专项资金）的很少一部分供学校本级安排使用，剩余资金则完全分配给各学院，由学院支配。学院要根据学校的财经政策和规定并结合本院实际发展态势，编制学年经费的预决算，制定内部分配政策，接受学校财务部门的指导和考核。学院有权自行安排学校分配的经费和学院的各种创收收入，实现资源在院内的优化流动和配置。在这种模式下，学院在对经费的调控指挥方面有较大的运作空间，有权支配和控制收入和支出。需要注意的是，专项资金不能与其他经费一起由学院统一调控。

（三）准集中管理模式

准集中管理模式就是指高校将大部分资金留在校级统一调度使用，教职工工资、水电费支出及其他大部分开支由学校及其职能部门控制。各学院对学校分配给他们的资金及自己创收的一部分拥有一定的自主权，对本院能够控制的开支有制定财务管理办法的权力。

（四）集中管理模式

集中管理模式是指财务权力高度集中，学校所有的资金全部由校长、财务负责人或经济管理委员会统一管理。学校只设置一级财务机构，除此之外没有同级或下级财务机构，一级财务机构统一协调处理各类业务，下拨各项经费预算，编制学校综合财务收支计划，核算预算外各种创收及制定创收的分配比例。学校有统一的财务制度，各学院没有制定本院财务规章制度和实施办法的权力。

二、高校财务管理模式创新的保障

在新形势下，高校财务管理模式需坚持"宏观主控，微观适调"的原则，处理好责、权、利的关系，与社会主义市场经济大环境和高校自身的管理体系、发展模式相适应。正所谓"苟日新，日日新"，创新能够让高校财务管理模式与时俱进，保障创新的实施尤为重要，制度保障与组织保障是两大利器。

（一）制度保障

1.完善全面预算管理制度
（1）成立会计结算中心，集中进行财务管理
高校要在校属各单位资金使用权、财务自主权不变的情况下，成立会计结算中心。

实行会计集中核算后，规范的办事程序、严格的会计监督将使得各单位财务透明度进一步增加，财务收支的合法性进一步加强。会计结算中心根据学校预算和有关的计划、合同，对各单位的进出资金和每项结算业务的合理性、合法性进行监督，使之完全置于学校的监控之下。

（2）加大预算执行力度，强化预算约束力

高校内部的预算管理体系要与财务管理体制相适应。预算管理的组织体系及其运行机制是执行预算、实现预算目标的组织保障。已经审定的财务预算的执行情况关系到学校年度工作的完成情况，会影响高校事业的发展和规划，为此必须加大预算执行力度，强化刚性管理指标。对于重大项目经费支出，必须由归口领导审批，严格按照预算内容执行。

（3）预算编制的科学化、规范化

在预算编制过程中，要按轻重缓急进行排序，优先安排急需且可行的项目，实行专项项目滚动预算；可行但当年安排不了的项目自动滚动到下一年；各收支项目必须有合理的编制依据，要有详细、统一的定额标准，逐渐做到人员经费按人数、公用经费按定额、专项经费按项目来确定；分别建立教学基础设施改造、公用服务体系建设、专项设备建设、队伍建设等专项建设项目库，并根据学校的教育事业发展计划，不断更新、完善，使专项建设目标和学校总体规划相适应，提高专项资金的使用效率。

2.强化内部审计制度

（1）合理设置，增强独立性

高校应按照职责分明、科学管理的原则设置独立的审计机构，保证审计工作所必需的专职人员编制，配备具有内部审计岗位资格的审计人员；也可以根据工作需要，聘请特约和兼职审计人员，并且在机构设置时，还应考虑分管领导的岗位牵制，增强审计独立性。

（2）加强内部审计队伍建设

高校内审领域比较宽泛，它要求审计人员不仅拥有财会知识，还要拥有经济管理、计算机、工程技术等知识。因此，高校一方面应选拔业务素质高的人员充实审计岗位，另一方面还要通过培训，提高现有内审人员的水平。当然，合格的、高素质的内部审计人员，除了应有过硬的业务能力，还应具有严谨的工作作风和高度的责任心。

（3）积极沟通，确保内审结果客观

内部审计人员必须增强内部审计的纪律性，如果在接到有碍审计独立性的工作时，可采取沟通汇报和职务分离的方法。沟通汇报是指与学校领导说明这不是审计的职权，避免接受此类任务。职务分离是指如果沟通无效，则声明内部审计人员做的是非审计业务，同时在安排审计任务时，把相关运营活动的审计任务交给内部审计的其他人员来做。只有这样，内审人员的审计才能相对独立，审计结果更加客观。

（4）组织重视，制度健全

高校管理层要充分认识内部审计工作在内部管理、党风廉政建设等方面的作用和意义。只有有了领导的重视，内审工作才能顺利开展，内审工作的质量才有可能提高。学校应定期研究、部署和检查审计工作，及时审批年度工作计划、审计报告，督促审计意见或审计决定的执行，使内部审计工作制度化、常规化。学校要建立健全内部控制制度、内部审计工作报告机制、内部审计成果运行机制、内部审计工作考核机制和内部审计人才培养机制等；还要支持内部审计机构和审计人员依法履行职责，并提供经费保证和工作条件，对成绩显著的内部审计机构和审计人员进行奖励。

3.健全资产管理制度

（1）建立"大资产"管理体制

高校要成立"国有资产管理处"，横向上将学校全部固定资产、无形资产等各种形态的资产，纵向上将从资产的形成到使用过程中的调剂，再到最后的处置的各个管理阶段及各个环节，统一由"国有资产管理处"管理，改变国有资产多方管理的现状；并建立资产的产权产籍管理和具体使用管理两权分离的管理机制，规范两权管理流程，强化两权的相互监督与制约，以有效防止资产流失。

（2）改革和完善高校的资产管理和核算制度

财务制度对固定资产的分类应与资产管理部门的分类统一，这样有利于进行资产管理，便于统计账目并核对。高校要制定固定资产管理的考核指标体系，结合各自的实际情况，制定本校可实施的内部固定资产考核指标体系；在修订固定资产确认标准时，应从效用、使用期限、单位价值等方面来界定固定资产，相应提高固定资产的确认标准；推行固定资产折旧制度。

（3）完善资产管理与财务管理的内部衔接机制

从资产的形成到资产使用中的调剂，再到最后处置的各个环节，在资产"存在"期间的形态、位置、数量、质量、价值等的各种变化，资产管理与财务管理都应从物到账、从账到物、从账到账适时保持动态一致。高校可以充分利用信息技术，实现动态监控功能。

（二）组织保障

1.加强财务管理组织机构建设

在"统一领导，集中管理或分级管理"的框架下，当前我国所有高校，即便是规模较小的高校，也采用了权责更为明确、管理更为活跃、机制更为灵活的、更能适应经济社会环境和市场需要的、科学的财务管理体制。

（1）集中核算

按统一要求、集中调配的原则，高校所有资金收付都必须由其财务部门集中管理，校属各单位均不得自立收费项目和收费标准，更不得自行收费，私管资金。这样既能从资金进口控制和集中学校所有可支配资金，又能从资金出口加大控制和管理，提升学校资金实力和办学能力，彻底改变"重核算、轻管理"的片面做法，着重加强学校资金运作，拓宽资金来源渠道，控制资金应用方向，加强事前、事中、事后的资金效益管理，全面加强财务管理在高校经济管理工作中的核心作用。

（2）绩效考评

为实现"权利到位，责任到位，效益到位"的目标，高校应按照管理层次，建立学校和部门负责人经济责任制，并建立健全相应的经济效益考核、评价、奖惩机制。高校要设置专门的部门对校属各单位经济责任履行情况、开展经济活动的绩效情况，进行全面监督、考核、评价，及时找出财务管理过程中的问题，认真分析、查找原因，堵塞违规用款行为，严肃财经纪律；通过"源头控制，过程监管，绩效评价，有奖有罚"等具体措施来保证科学、合理地考核、评价校属各单位的业绩。高校财务管理要"统得有序，控得到位，管得有效，奖得有用"，保证高校内部责、权、利真正落到实处。

（3）项目控制

目前，我国高校实行了以预算编制为基础、以绩效评价为手段、以结果应用为导向、覆盖全校所有资金和业务活动的全面预算管理和项目控制。高校每年在编制预算时，要坚持收支平衡、统筹兼顾、积极稳妥、勤俭节约、事权与财权相匹配的原则，将责任和权利进行明确并层层落实分解，对人员经费实行定员定额管理，做细、做精预算安排；对项目经费采取部门内部评审、专家评审等多种形式，对项目的必要性、绩效性进行充分的论证，优化支出结构，细化支出项目，突出项目目标管理。高校还要在通盘考虑整体资金来源和资金需求、科学合理确定全年度收支总额的基础上，针对每项资金来源、每项资金使用都设置了具体的项目名称，安排了具体的资金数额，并在实际执行过程中，统一监管和逐一核算，严禁无预算、超预算支出，真正做到资金"预算到位，管理到位，控制到位，核算到位，使用到位"。

2.收付实现与权责发生相结合

我国预算会计界认为事业单位应当根据业务性质合理确认收入的实现。预算会计界还认为权责发生制体现了收入与支出之间的配比关系，揭示了收入与支出的内在联系，有利于事业单位加强内部经济管理，提高社会效益。随着高校收入来源和支出用途的多样化，以及强化教育成本管理核算的需要，权责发生制将是一种必然的选择。但是，会计核算基础必须适应高校的特点，因此不能完全采用权责发生制作为高校会计核算的基础。因此，笔者建议高校在实行收付实现制的同时，要根据学校内部核算和管理需要，部分地采用权责发生制来弥补收付实现制的不足。

第三节　高校财务管理目标

高校财务管理目标是高校在组织财务管理活动中所要达到的目的，明确高校财务管理的目标是做好高校财务管理工作的前提。

高校财务管理目标具有自身的独特性，它不是一个独立存在的目标，而是以高校发展总体目标为前提，在高校发展总体目标的框架内，确定为高校发展服务的财务方面的具体管理目标。因此，高校财务管理目标不是一成不变的，而是随着高校发展总体目标的变化而变化的，但基本的管理目标是确定的。高校是公益性的教育事业单位，服务于国家的经济社会发展，为社会提供教育准公共产品。根据高校的特点，高校财务管理的目标有以下几个方面。

一、基本目标

建立运行有序、管理有效的财务管理和控制系统是高校财务管理的基本目标。建立健全内部管理制度，采取有效的控制措施是做好高校财务管理工作的前提，一个运行有效的高校财务管理系统是高校正常运转的保障。如果财务管理一片混乱，实现财务管理的目标就无从谈起，高校的正常运转也会因此受到影响。

二、主要目标

筹资最大化即筹集高校发展所需要的资金最大化，是高校财务管理的主要目标。筹资是通过各种渠道和方式筹措资金的财务管理活动，与"追求利润最大化"的企业财务管理目标不同，高校不是经营单位而是教育事业单位，"筹资最大化"才是高校财务管理的目标。高校的资金来源以政府投入、学费收入为主，以其他收入为辅。学费是政府审批的事业性收费项目，由高校收取用来补充教育经费的不足，是筹资的重要组成部分，但受学费标准和学生人数的限制。其他筹资项目如社会捐资助学等，筹资的范围更为广泛。高校应该积极申请政府各项专项资金和争取社会的捐资助学，以达到筹资最大化的目标。

三、终极目标

资金使用效益最大化即将高校筹集的资金发挥最大的使用效益，这是高校财务管理的终极目标。高校如果不对资金的使用情况进行效益评价，盲目或随意支付资金导致资金的大量浪费，那么筹资再多也是无济于事的。资金使用既要保障高校的正常运转，又要服务于高校发展大局，将资金重点投放到学校规划和优先发展的项目上，同时必须进行资金使用效益评价，这样才能实现资金使用效益最大化的目标。

第四节　高校财务管理的新环境

环境对高校财务管理的影响不容小觑。在新形势下，高校财务管理也面临着新的变化，如果墨守成规，以传统环境为标杆进行实践，则可谓刻舟求剑。因此，探讨高校财务管理新环境的情况，尤为重要。

一、新会计准则与制度

（一）新会计准则对高校的意义

1.改革公共财政管理体制

近年来，我国公共财政管理体制进行了一系列重大变革，财务会计制度体系正在不断完善，开始逐步做到与国际会计同步发展。公共财政管理制度要求"一个部门一本预算"，即高校整体预算应包括在会计上独立核算的基本建设项目收支预算和后勤预算。"一个基层预算单位开设一个零余额账户"，实施国库集中收付后，高校必须设置相应的会计科目以反映零余额账户的信息。政府采购制度下相应采购款不是拨给高校，而是按照预算和采购情况直接拨付给供应商，相应业务的会计核算也随之变化。还要加强国有资产管理，调整固定资产分类和价值标准，真实、完整地反映资产使用状况，合理配置和有效利用资产，防止资产流失。此外，大量新的会计业务内容超越了原高校会计制度的范围。因此，根据公共财政管理体制改革的需要，必须有新的会计制度来指导高校的会计实践。

2.规范高校会计核算

随着高等教育体制改革的不断深化，高校的内外部环境发生了深刻变化，经济活动更加复杂。如何管好、用好教育经费，确保经费使用规范、安全、有效，是当前和今后高校会计工作的重点。要保证能全面、准确、真实地反映高校整体资金收支状况，就必须进一步规范高校会计核算。高校会计核算应该包括固定资产折旧核算、各种资产减值核算、各种收支按月核算及成本核算等。规范的高校会计核算是预算执行的关键，它按有关规定实施决算管理，从而保证预算的有效执行；可以保证各类财政拨款资金的正确和安全使用，完善资金结转和结余管理，统筹使用结转、结余资金；它按照相关核算对象和核算方法，对业务活动中发生的各种费用进行归集、分配和计算，从而实现细化成本核算和加强成本核算。会计科目是按照经济业务的内容和经济管理的要求，对会计要素的具体内容进行分类核算的科目。只有根据实际应用调整会计科目，才能改变会计核算内容，达到规范会计核算的目的。

（二）新会计制度对高校财务管理的影响

新会计制度，在高等教育从规模扩张向内涵发展的今天，全面规范了高校经济业务的确认、计量、记录和报告，使高校的财务管理工作面临着新的挑战。

1.高校财务管理工作重心从"核算型"转向"管理型"

与旧会计制度相比，新会计制度主要实现了九个方面的改革和创新，兼顾了高校财务、预算、资产、成本等方面的管理需要，对高校财务管理工作提出了新的更高要求。随着高等教育的不断发展，高等教育经费来源渠道已经拓展到财政拨款、收费收入、产业收入、社会捐赠、科研收入、贷款收入、利息收入等多方面，高校的自我筹资能力不断增强，从而更加注重经费使用的效果和效率。在这种形势下，高校的财务管理工作重心必须改变把日常事务管理和会计核算作为主要职能的传统观念，必须由"核算型"向"管理型"转变，把财务工作重心转移到对学校各项经济业务的事前预测、计划，事中监督、控制，事后考核、评价，为学校决策提供服务上来。

2.新会计制度强化了高校财务风险管理

新会计制度提出基建投资业务要定期并入高校会计"大账"；要求统一将校内独立核算的会计信息纳入高校年度财务报表，增强高校会计信息的完整性和可比性，明确反映高校债务总额和债务构成；要求高校加强资产管理与财务风险防范，加大债务监控管理力度。

3.新会计制度强化了高校的受托资产管理责任

新会计制度新增了与国库集中支付、政府收支分类、部门预算、国有资产管理相关的会计核算内容，注重反映政府将高校资源或决策权委托给高校进行管理的效果和效率，全面规范了结转结余及结余分配的会计核算，以提高高等教育所产生的社会效益和经济效益。因此，新会计制度增加的会计核算内容强调了高校必须对受托管理的这部分资源进行科学的会计核算和反映，以作为主管部门对高校实行内部控制机制和使用受托教育资源的效益、效率等进行客观、科学评价的依据。

4.新会计制度强化了高校成本核算与控制

新会计制度在旧会计制度的基础上进一步规范了高校的收支核算管理、分类核算收入和支出，并要求将相应的收入与支出进行配比，强化了成本核算与控制；创新引入了"虚提"固定资产折旧和进行无形资产摊销，能更加真实地反映资产价值，为高校内部成本费用管理、考核高校的资产使用效果、评价高等教育经费的使用效果和效率、评价高等学校的预算执行力提供信息支持。

5.新会计制度强化了高校预算管理

新会计制度细化了高校事业支出科目的设置，将原会计制度下"教育事业支出"科目核算的内容，细分为"教育事业支出""行政管理支出""后勤保障支出""离退休支出"，分层次地反映高校各类支出的结构和信息，核算高校事业支出情况，满足高校预算管理需要，为高校内部成本费用管理、经费使用效率提高提供数据支持。同时，新会计制度调整了收入支出表的结构，增加了财政补助收入支出表，使之既能够反映高校收入总额和支出总额信息，又能够反映各种不同来源资金的收支和结转结余情况，还能够反映高校预算计划和目标的完成与管理情况。

（三）新会计制度环境下高校财务管理的创新

高校财务管理工作是高校内部管理工作的一个重要组成部分。财务管理工作的优劣，直接影响着高校的生存和发展。在实施新会计制度的前提下，高校必须更新财务管理理念，实现社会效益和经济效益并举的目标，实现内涵式发展。

1.树立高校财务管理大局观

高校财务管理工作要把预算、核算、决策分析与评价，以及国家的高等教育发展目标、学校的整体战略目标相结合，走内涵式发展、可持续发展的道路，切实优化高校的教育资源配置。一是要认识到高校建设应服从于国家高等教育建设这个大局，要以国家高等教育建设全局为基础，在国家提供的财力、物力范围内，做好高校的经费分配和供给，努力提高经费的使用效益。二是财务部门在对本校教学科研整体建设实施财务服务时，要将本校的长期发展目标与短期发展目标相结合，切实服务学校发展。在分配教育经费时，财务部门必须分清轻重缓急和主次先后，切实保障好重点建设，同时也要照顾到一般事业任务的完成，意识到每项事业都是学校整体建设不可缺少的部分。三是财务部门要通过实行新会计制度实施精细化的财务管理，以准确、完整的财务数据，为主管部门和学校管理层提供参考，协助处理好正常运行与发展的关系，并提出相应的决策建议。

2.树立高校财务管理风险控制观

随着高校办学形式的多样化和筹资渠道的多元化，经费投入与学校建设发展对资金需求的矛盾日益突出。合理利用负债可在一定程度上缓解学校资金不足的情况，充分发挥财务杠杆作用。但在利用负债补充教育经费不足的过程中,高校必须树立风险控制观。财务管理人员要具有防范风险的意识,合理组织高校资金,对贷款项目进行可行性研究,落实还款渠道和计划。在实施新会计制度的过程中,应强化高校财务风险分析,建立科学、有效的财务风险控制机制和财务风险预警系统,以促进高校实现健康、稳定和规范化发展。

3.树立高校财务管理成本效益观

随着高校办学环境的变化,各高校之间的竞争越来越激烈。高校要提高自身的办学综合实力,在财务管理工作中就必须树立成本效益观,认真宣传国家财经法律和有关经济政策,加强教育成本核算,以绩效为导向,将办学成本与效益挂钩,力求用最少的资金培养更多、更好的高等人才。高校还要研究当前高等教育环境、社会经济环境对财务管理的影响和要求,努力探索和建立符合高等教育工作规律、符合新会计制度的财务管理体制和运行机制,获取最大的经济效益与社会效益,努力提高办学水平。

4.树立高校财务管理决策分析观

高校财务管理工作要建立反映高校预算管理、资产管理、财务风险管理、支出结构、财务发展能力等方面水平的评价指标体系,定期进行分析评价,为主管部门和管理层正确把握高校的财务状况和发展趋势、预测高校的财务风险提供依据,并将结果在下一步的管理工作中应用。科学分析评价和结果的再应用,有助于促进高校充分挖掘潜力、加强预算管理、努力开源节流,促进高校预算的顺利完成,提高高校资金的使用效益,促进高校严格执行国家财经法规和财务制度,不断改进内部管理。

5.树立高校财务管理业务一体化观

新会计制度的实施、财务信息化水平的提高使高校财务管理实现财务业务一体化成为可能。通过信息化建设将财务、预算、资产、成本相结合,将财务业务流程与高校的其他管理活动进行整合,将财务管控融入高等学校的日常业务活动中,而这将使得高校在业务处理方式和管理模式上发生变革。将财务工作与业务工作相结合,一方面可以使高校的相关财务战略、财务管理制度在业务部门得以落实,另一方面也能及时反馈高校各业务部门在办理业务中存在的问题。借助新会计制度和现代信息技术实现的财务共享服务模式,可以实现财务管理创新的进一步提升,激发校内各业务部门参与财务工作、关心学校建设发展的积极性,促使各业务部门和教职工在学校财务管理方面出谋划策,推动学校整体财务管理水平的提高。

6.完善内部管理制度

完善的内部管理制度是组织机构高效运行的基本保证。基于新会计制度构建的高校财务管理工作体制，需要一整套能将高校战略管理、预算管理、资产管理、风险管理有机结合的内部管理制度来保障，实现战略与规划、规划与预算、预算与配置、配置与管理、管理与风险控制、管理与绩效评价的有效互动，以此加强学校的内部控制机制建设，对学校预算管理、收支管理、政府采购管理、资产管理、建设项目管理、合同管理等各项业务流程进行重新梳理和规范，实现教育资源配置的最优化、教育经费使用效能的最大化。

总之，高校的财务管理工作不应局限于简单地提供数据，理应以新会计制度的实施为契机，适应新会计制度核算需要，适时改变高校财务管理理念，稳步推进内部控制规范建设，构建服务于高校战略规划、符合现代高校建设、利于推动实现高校内涵式发展的财务管理工作体制。

二、知识经济时代

知识经济是以知识为基础的经济，它的技术含量很高。知识经济的社会将是学习的社会，知识经济的时代将是教育的时代。高校人才云集，其发展目标是传授知识、培养人才、创造最佳的社会效益。高校既是培养科技人才的基地，又是高新技术创新的发源地。可以说，高校是高等人才和高新技术的摇篮。高校财务管理工作已经渗透到高校的各项管理工作中。面对知识经济时代，高校财务管理正面临着新的挑战，迎来了新的生存环境和改革发展机遇。

随着全球知识经济的兴起及电子商务的蓬勃发展，高校的经济环境、政治环境及教育环境发生了变化。为了适应环境变化，各大高校相继从 20 世纪末开始了大规模的重组及合并，这就对高校财务管理提出了新的要求。高校财务管理是高校组织自身财务活动、处理各种财务关系的一项经济管理活动。随着"以财政拨款为主、其他多种渠道筹措教育经费为辅"的体制的确立，财务管理的主要职能表现为：拓宽渠道，筹措资金；编制预算，分配资金；控制预算，使用资金；管理资产，合理配置；等等。财务管理不仅要分析财务指标、研究财务信息，还应该建立一个综合财务信息系统，全方位、多角度地进行分析和研究，不仅要编制预算、预测分析、决策分析及控制等，还应该站在战略性高度，对一些非财务指标的业绩评价作出全面分析。

三、互联网高速发展

（一）信息化环境下高校财务管理创新

在互联网时代，信息传播迅速，高校财务管理模式要创新，就要站在市场前沿，掌握第一手资料，实现动态管理，最重要的就是要建立信息化平台。通过不断发展的网络技术，搭建信息化的财务管理平台，能够掌握高校财务的整个预算情况和各院、系预算的执行情况，保证校一级财务机构做好财务绩效监督工作，掌握财务收支情况，保证高校从资金来源到资金流动都顺畅无阻，提高财务运转工作的速度。为了更好地利用信息化财务管理平台，高校要将复杂多元的第一手信息进行整合，对整合后的信息进行加工、分析；对初始信息进行分门别类的筛选和核对，以保证信息的正确性；对核实的数据进行分析和判断，提出合理化的意见和建议。高效管理者根据得出的意见和建议作出决定，调整财务计划，为高校发展提供坚实的技术基础。

在高校财务管理过程中，信息能否及时反馈直接影响财务计划决策的准确性和及时性，在整个高校发展过程中起到非常重要的导向作用。高校要创新财务管理模式，必须重视信息化建设，加强对动态信息的管理，提高分析、辨别能力，加强反馈结果的准确性和及时性，以便更好地服务于高校财务建设和高校教育建设。

（二）网络经济环境下高校财务管理创新

1.高校财务管理内容创新

网络经济的到来为高校财务管理带来了极大方便。首先，高校管理者要利用网络的便捷性做好财务收支两条线的管理。学校要把每年的各项经费收入都录入财务管理系统中，依据自身财务情况及发展目标做好资金预算。其次，高校要借助信息化财务管理平台管理国家划拨的专项科研资金，确保资金落到实处，提升学校的科研水平。最后，在网络经济环境下，传统方式的会计单一货币计量将被打破，支付方式逐渐朝着电子信用卡、电子支票、电子现金的方式转变。

2.高校财务管理软件创新

在网络经济环境下，高校财务管理内容、管理模式、工作方式等都经历着创新与改革。这就要求高校财务部分要尽可能地强化对外联络工作，积极进行管理软件创新，满足自身经营与管理的需要。财务管理软件的创新是以网络为依托运行的，高校想要切实完善网上办公，就必须实现从局域网到互联网的转变。在网络环境下，高校财务管理软件应该具有完善的移动办公及网上办公的功能，强化财务管理的模块化运作，使其不再受到场地与时间的限制，尽可能地加强高校财务的安全性，确保高校教学科研活动与财务资源配置的同步协调，实现资源的合理配置。

3.高校财务工作方式创新

高校应该以自身发展的实际情况作为出发点，积极展开财务管理工作方式的创新。具体而言，网络经济环境使得原先固定化的办公场所逐渐向着网络化的虚拟办公场所进行转变，促使很多工作人员能够移动办公、网上办公。这样不但方便财务工作者进行日常工作，而且在一定程度上增强了高校开展财务工作的透明性。此外，高校财务工作者离开办公室时也可正常办公，不再受到场地与时间的限制，能够实时掌握各单位资金使用与管理的情况，还可以对下属单位、外联单位的财务往来进行在线监控，实现对款项余额的实时监督。利用互联网，高校能够促进各方业务往来，加快各类报表处理速度，在一定程度上提升了工作效率，达到创新高校财务工作方式的目的。

4.高校财务管理模式创新

随着高校办学中心的不断下移，传统方式下的预算管理模式将有所改变。高校的预算管理将围绕着二级学院预算展开，并以此为出发点，完善自身预算管理乃至财务管理的各项经营活动与内容。同时，高校还应该建立与完善自身的预算管理机制，确保制度制定的合理性、科学性、民主性，不断促进高校财务管理模式积极、有效地创新。

（三）一卡通环境下高校财务管理创新

1.引进先进的科学技术设备

这是解决财务人员计算量庞大和提高财务信息化管理效率的重要手段。

第一，高校应该适当引进具有丰富经验和较高专业水平的财务管理人员，通过提高财务管理人员的业务素质，全面提高财务管理效率。第二，高校应该对自身的财务工作情况进行分析，通过引进先进的财务信息管理设备和财务信息管理办法，为应用校园一卡通后的财务管理工作提供可靠的设备和技术保障，提高财务管理水平。

2.规范财务管理人员行为

规范财务管理人员行为、提高财务人员专业素养，是解决校园一卡通为校园财务管理带来的相关问题的主要措施。财务管理人员是高校大量资金的接收者和计算者，其自身的工作行为不仅关系到高校财务部门的自身建设，对整个高校的发展也具有重要的影响。一方面，高校应该结合自身财务工作的实际情况，对现有的财务管理办法进行完善，并通过制定符合其发展方向的财务管理制度对财务管理人员的工作行为加以约束，从提高财务人员个人能力的角度减少校园一卡通对高校财务管理工作产生的不利影响。另一方面，高校应该加大对财务人员的监管力度，防止财务人员监守自盗情况的出现，从规范财务管理秩序的角度，提高财务管理效率。

3.保持财务工作的连续性

这是解决校园一卡通带来的财务管理工作间断性问题的有效方法。保持财务工作的连续性，并不是让财务管理人员始终保持着高度紧张的工作状态，而是通过制定或借鉴科学的财务管理手段和信息化的财务管理办法，帮助财务管理人员对校园一卡通进行管理，以减轻财务管理人员的工作压力，提高财务管理效率，提高高校的财务管理工作水平。第一，高校需要以先进的技术设备为依托、以高素养的财务管理人员为主体、以良好的财务管理环境为基础，全面开展财务管理工作，通过实现高校内各种资源的优化整合，加强财务部门的建设，提高财务管理水平。第二，高校应该对其内部校园一卡通的应用情况和一定时期内一卡通资金的流动情况进行分析，并积极开展与其他高校的交流合作，结合自身实际工作情况，通过借鉴其他高校引入校园一卡通后的相关财务管理办法，提高自身的财务管理水平。

4.加强校园财务管理的安全性

校园一卡通的应用离不开电子信息管理系统的支撑，其管理工作离不开互联网技术的支持。高校财务管理系统存在着一定的网络安全风险，加强校园财务管理安全性的工作已经势在必行。一方面，高校应该对财务信息管理给予相应的重视，将财务信息安全管理工作提升到高校战略发展的高度上，自上而下地形成一卡通安全风险防范意识。另一方面，高校应该加强对财务管理人员和学生群体的财务安全培训工作，使其掌握相关的财务风险防范知识，从根本上提高财务管理系统的安全性。

第二章 高校财务治理与战略管理

第一节 高校财务治理

高校是高等教育运行的基本实体单位，高等教育现代化首先是高校制度的现代化，构建现代高校制度是高等教育现代化的关键。构建和完善现代高校制度，实现高等教育可持续发展，是高校在社会主义市场经济条件下和教育国际化大趋势下的必然选择。《国家中长期教育改革和发展规划纲要（2010—2020 年）》（以下简称《教育规划纲要》）提出要"完善中国特色现代大学制度"。完善高校治理结构是完善中国特色现代高校制度的途径之一。要提高高校治理效率，应建立并完善高校治理结构。高校治理的主要功能是配置责、权、利。在这三个要素中，权力的配置是前提，高校治理结构建立的基础是高校权力的配置。在高校的权力结构中，财权是一种最基本、最主要的权力。高校财务治理是高校治理的最基本、最核心的内容。

一、高校财务治理的含义及其与财务管理的比较

（一）高校财务治理的含义

高校是一种兼具社会性和经济性的组织。1995 年全球治理委员会在题为《我们的全球伙伴关系》的报告里，正式将治理定义为"个人或组织、公共部门或私有部门管理其一般事务的多种方式的总和，它是一个使得冲突和多元利益得到妥协并采取合作行为的持续过程"。报告还概括了治理的四个特征：治理不是一整套规则，而是一个过程；治理过程的基础不是控制，而是协调；治理既涉及公共部门，又涉及对私部门及个人；治理不是一种正式的制度，而是持续的互动。由此，高校治理就是指高校及与之相关的各个利益相关者群体之间的决策参与权的配置过程。决策参与权配置模式就是高校的治

理结构。其中，高校与外部利益相关者之间的决策参与权配置模式为高校的外部治理结构，高校内部各个权力主体之间的决策参与权配置模式为高校的内部治理结构。

孟韬认为，作为一项制度安排，高校治理是各利益相关者之间利益与权力博弈均衡的结果，是基于决策权的行政权力和学术权力均衡的结果。有学者提出，要达到高校在变化中的力量平衡，需要平衡好高校与政府、市场、社会的利益关系，平衡好学术与政府、市场、社会的价值关系，平衡好高校内部各种力量特别是行政系统与学术系统的权力关系。还有学者进一步指出，高校治理结构是现代高校制度的基石，现代高校制度的核心是高校自治、学术自由、教授治校。

现代高校制度是一系列关于高校运行管理的措施和方法体系，是以确保高校的学术性、高校生存和发展的运行体系。一般认为，高校治理是在高校利益主体多元化以及所有权与管理权分离的情况下，协调高校各利益相关者的相互关系，降低治理成本，提高办学效益的一系列制度安排。治理结构的本质是关于资源配置及其利益的规则体系。高校治理结构旨在研究建立怎样的一种组织架构及机制，才能够在冲突和多元利益状况下管理其一般事务。

高校治理结构的基本构架，应包括以下三个方面：一是权力结构的制衡与协调，主要是处理好行政权力和学术权力的关系；二是组织结构的制衡与协调，包括决策机制、执行机制和监督机制；三是主要利益相关者的制衡与协调，包括管理者、教育者及学习者等的利益的协调和制衡。

财务理论界对财务治理内涵的研究虽取得了一定成果，但并未真正给出完整、确切的财务治理定义。许多学者从不同的研究目的出发，根据自身对财务治理内涵的理解，概括出了多种财务治理定义。这些定义大都将财务治理置于公司治理框架之下，参考公司治理定义，从制度安排角度，将财务治理与财务治理结构等同。

笔者认为，财务治理要解决的是在一种效率和公平的前提下，对各相关利益主体的权力、责任和利益进行相互制衡的一种制度安排问题，是一组联系各相关利益主体的正式和非正式关系的制度安排和结构关系网络。财务治理的特点是侧重非数量即结构关系方面的研究，力求通过研究财务关系，理顺并优化财务关系为组织带来经济效益。由此，笔者认为高校财务治理的含义是：基于资本结构等制度安排，通过一系列制度、机制以及行为的安排、设计和规范，旨在形成有效的财务激励和约束机制，实现高校财务决策科学化，保证以投资者为中心的利益相关者的利益，对高校财权进行合理有效的配置的过程。

（二）高校财务治理与高校财务管理的比较

高校财务治理和高校财务管理是有区别的：高校财务治理侧重财务主体的结构性配置安排和制度性的层面，是高校实现办学目标的基础；高校财务管理侧重控制财务主体的财务行为和具体的财务经营活动，是高校实现办学目标的财力保障。财务治理与财务管理相互促进，共同发展。高校财务治理必须与高校财务管理相结合，共同作用于高校治理，并以高校财务管理为保障。

高校财务治理与高校财务管理，层层递进，通过利益协调共同实现高校办学目标。财务治理中的财务激励是建立和完善分层的财务决策机制及对财务经理和财务团队的激励机制，使各层次代理人恰当运用财权履行其职责。财务管理通过各种具体化的财务决策来达到各种财务激励的目的。

总之，高校财务治理就是一种有效的制衡机制，既是规范高校内部、外部不同利益相关主体间相互责、权、利关系的制度安排，又是针对高校内部管理者的激励和监督机制。高校财务治理与高校财务管理有着相同的追求目标，高校财务治理需要通过具体的财务管理活动来实现，高校财务管理需要在财务治理结构框架下运行。只有将高校财务治理和高校财务管理紧密结合起来相互促进，才能达到高校持续发展的目的。

二、高校财务治理模式的现实选择

《教育规划纲要》要求推进政校分开、管办分离，建设依法办学、自主管理、民主监督、社会参与的现代学校制度，构建政府、学校、社会之间新型关系。在构建现代高校制度进程中，依法构建政府与高校的合理关系，改善和优化高校内部治理结构，实现高校与社会的和谐发展、互利双赢是其中的应有之义。这就需要我们从我国高校所处的环境着手，优化高校财务治理模式。笔者以为，就目前来说，以下两个方面的具体要求是优化高校财务治理模式的现实选择。

（一）财务治理结构的重建

笔者以为，重建高校财务治理结构的基本思路是：首先，要定位政府对学校财务的管理程度，这应该是高校治理的主要内容之一；其次，要明确高校利益相关者及其对高校的重要程度,增强利益相关者在治理结构中的嵌入度;再次,将有关财权进行合理分配,这是重新构造高校财务治理结构的关键环节;最后,嵌入监察机制。下面主要对利益相关者的明确、财权的合理分配、监察机制的嵌入进行分析。

1.利益相关者的明确

结合我国高校现状,其利益相关者包括内部的教职工、学生以及所在的政府、企业、科研经费出资人、捐款人、银行、校友、学生家长、媒体以及其他相关公共机构等。

2.财权的合理分配

财权合理分配的基本要求是按照"统一领导、独立管理、集中核算、共同监督"的财务治理体系,正确处理好集权和分权的关系,提高制衡的有效性。财权具体分配如下:

(1)校董事会(财务治理决策机构)——高校财务决策权

以党委书记为校董事会主席并坚持校党委领导下的校长责任制。校董事会成员除党委书记、校长外,还应包括各方利益代表,如教职工代表、学生代表、校友代表等。校董事会作为最高决策层制定学校的宏观发展战略,统一决定学校的财务政策,对具有全局性的事项进行决策,审议学校预决算报告,监督及考评学校的运作绩效。

(2)校务委员会(财务治理执行机构)——高校财务执行权

校长兼首席执行官,主要提出学校年度预决算报告,在预算内提出或审议重大资金调度及安排,合理规划并有效执行各项筹资、投资及支出活动。

(3)校监事会(财务治理监督机构)——高校财务监督权

建立校监事会可以使高校的财务监督工作更加独立和有效。该机构除了具有监督权,还应促使高校建立公开、透明、互动的财务信息披露系统,披露与学校财务有关的全部重大问题,保证利益相关者公平地获得真实、准确、完整、及时的财务信息。

要特别指出的是,对于大部分高校而言,政府相关部门作为投资者的代理人,对高校的大政方针拥有最终裁定和决策权。当各个利益相关者发生利益冲突时,政府相关部门就应权衡和调节各种利益冲突,使对立和摩擦降到最低。

3.监察机制的嵌入

高校治理的主要内容可以通过监察机制有效连接起来,形成完整的高校财务治理结构框架。监察机制贯穿高校的财务政策及方针决策层、财务制度及策略执行层和财务各个监督层,其涉及学校外部和学校内部,但是主要是外部监督。这种多元化的机制能够保证高校财务治理结构的科学、独立和公平,从而加强高校财务工作的经济责任绩效考核,避免学校资源的浪费、财务风险的出现和管理工作的低效。

（二）以岗位责任制为核心的经济责任体系的完善

针对大部分高校的现状以及今后的发展趋势，建立先进、科学、合理的财务治理体制尤为重要。一般可将校内经济责任划分如下：学校财务处为全校财务治理的职能部门，在学校分管财务校领导或总会计师的领导下开展工作，其主要职能为全校的财务治理和会计核算；各部门及院系的财务活动都不能游离于学校财务处的治理监督，财务部门应当参与有关经济活动决策的研究，并充分发表自己的意见。对于财务部门正确的意见，有关部门应当予以采纳。

财务机构负责人对财务机构治理的财务工作负总责；各级资产治理人员对自己所经管资产的安全、完整、有效负治理责任；各级业务岗位人员按岗位责任制的规定自主完成所承担的工作并对工作结果负责；财会人员对自己从事岗位的会计工作负责。同时，按照经济责任制的要求，对因管理不善、控制不严等造成经济损失的有关人员依法追究相应责任。

第二节 高校财务战略管理

一、战略管理与财务战略管理的含义及特点

（一）战略管理的含义及特点

1.战略管理的含义

"战略"最初是一个军事领域的词，虽然世界各国军事家对战略的定义有所不同，但是他们普遍都将战略视为一种指导全局的计划和策略。

随着社会的发展，战略思想被应用到多个学科领域，战略的含义得到了极大的拓展，促成了许多新学科视角的出现，战略管理便是其中之一。20 世纪 80 年代以来，战略管理理作为一种全新的视角在企业界得到了广泛应用，同时战略管理理论也得到了极大的发展，并形成了相对完善的理论体系。不同的学者从不同的角度阐述他们对战略管理的理

解，美国管理学会院士杰恩·巴尼（Jay Barney）认为：战略管理是通过分析企业的竞争环境以发现其威胁和机会的过程，通过分析其资源和能力以发现其竞争优势和劣势的过程，以及通过匹配上述两种分析以选择战略的过程。

2.战略管理的特点

（1）长远性

组织战略着眼于组织未来的生存和发展，即战略管理更关注长远利益，而不是关注短期利益。因此，评价组织战略是否有助于实现组织的长期目标和保证长期利益的最大化是判断战略优劣的重要标准之一。这也是战略管理与一般战术或业务计划的最主要区别。具体而言，在企业中，如果一个项目短期内能赚些钱，但长期市场潜力不大，且无助于提高企业的核心竞争力，从战略管理的视角看，这样的项目就不应该建设。反之，若一个项目短期内可能造成亏损，但是长期市场潜力巨大，或代表了技术的未来发展方向，从战略管理的视角看，该项目就应该实施。战略管理的长远性要求组织根据组织外部环境和组织内部条件的变化，对关于组织生存的战略问题进行长远规划。

（2）竞争性

在市场经济环境下，竞争无处不在，组织制定战略的重要目的之一就是能在激烈的市场竞争中与对手抗衡，在争夺市场和资源的竞争中取得胜利。因此，战略管理本质上是一种竞争战略的制定和实施过程，它不同于那些不考虑竞争因素，只是为了改善组织现状、提高管理水平而制定和实施行动方案的选择，这也是组织战略管理在市场经济环境下产生和不断发展的原因。

（3）层次性

虽然组织类型、规模、结构各不相同，但其进行战略管理的基本层次是一致的。一般来说，对于较大规模的组织，战略管理可以分为三个层次：①总体战略或组织战略，主要包括稳定战略、发展战略、紧缩战略等全局性的管理战略；②竞争战略，主要研究不同行业经营战略等方面的选择，主要涉及如何在选定的领域与对手进行有效的竞争；③职能战略，主要包括财务战略、生产战略、研发战略、营销战略等。

在实际工作中，组织的不同层次战略的侧重点和范围不同，高层次战略变动总会波及低层次战略，低层次战略的影响范围则比较小，特别是职能战略一般在部门范围内产生影响。

（4）全局性

组织战略管理是从全局出发、适应组织长远发展需要而进行的管理活动，它所规定的是组织的总体行动，所追求的是组织的总体效果，是指导组织一切活动的总谋划。虽然组织战略管理也包含和规定着组织的某些局部活动，但在战略管理中，这些局部活动是作为总体活动的组成部分出现的。因此，把握战略管理的全局性要注意处理好局部利益和整体利益的关系，作出正确的战略部署。同时，全局性还要求组织战略必须与国家的经济社会发展战略相一致，与世界经济技术发展方向相一致。

（二）财务战略管理的含义及特点

1.财务战略管理的含义

财务战略管理是为谋求组织资金均衡有效地流动和实现组织战略，为增强组织财务竞争优势，在分析组织内外部环境因素对资金流动影响的基础上，对组织资金流动进行全局性、长期性和创造性的谋划，并确保其执行的过程。财务战略管理立足于组织的长期发展，是保持并不断增强组织长期竞争优势的决策支持管理体系。当组织中的管理从业务层次向战略层次转变时，战略财务管理便成为组织中财务管理的必然趋势。

2.财务战略管理的特点

财务战略管理是战略理论在财务管理方面的应用与延伸，它不仅体现了"战略"共性，而且勾画出了"财务"个性。财务战略管理具有以下特征。

（1）以财务战略目标为导向

成功的战略只有在明确的目标指导下才能实现。财务战略目标为组织战略目标服务，指明了财务战略管理的总体方向，明确了财务战略管理的具体行为准则，在整个财务战略系统中处于主导地位。

财务战略管理目标的设定必须服从组织战略管理的要求，与组织战略协调一致，从财务上支持和促进组织战略的实施。

（2）以组织竞争力为核心

在经济实践中，组织竞争力受到诸多因素的影响。经济资源和财务资源是组织发展的必要资源，但仅仅拥有一定的资源并不能完全保证形成组织的竞争力。以组织竞争力为核心的财务战略管理具有明确的直接目标，同时也为财务战略决策提供了选择标准，为财务战略管理行为提供了导向。同时，组织竞争力也需要科学的财务战略来创造、培育和发展，从而保持长久的竞争优势。

（3）战略成本管理是提升组织竞争力的主要参数

成本是决定竞争力的重要因素之一，所以战略成本管理是财务战略管理研究中的重要方面。在激烈的市场竞争和急剧变化的市场环境下，向战略成本管理要效益，已成为组织获得和保持竞争优势的关键。

战略成本管理实质上就是将成本置于战略管理的高度，将其与影响战略的其他要素结合，对组织成本进行全面分析与控制，以寻求成本改进，并获得竞争优势的战略成本管理过程。在以组织竞争力为核心的财务战略管理中，战略成本管理是组织竞争力和财务战略管理的联结。

（4）以财务战略决策的选择、实施、控制、评价为内容

财务战略决策决定着组织财务资源的配置。财务战略决策的选择、实施、控制和评价应当从全局角度出发，注重整体性，符合组织的总体战略，同时还要协调部门间的配合，减少内部职能失调，与其他职能战略相适应。

（5）理财环境因素对财务战略管理有重要影响

财务战略管理是面向未来的管理。它不仅关注某一特定时间的环境特征，更关心环境的动态变化趋势；不仅需要对政治、经济、文化、法律等宏观环境进行综合分析，还要对产业、竞争者、财务状况等组织内部因素进行微观环境分析，并且要处理好环境的多变与财务战略的相对稳定之间的关系。

财务战略管理关注组织的长远、整体的发展，重视组织在市场竞争中的地位，它以实现长期可持续发展、打造核心竞争力为目标。对财务战略的制定、实施、控制和评价必须在综合考虑内外部各种环境因素的基础上进行。

二、高校财务战略管理的特征

高校财务战略管理在利益群体、产品与服务模式、价值观念等方面与其他组织财务战略管理存在较大的差异。高校财务战略管理主要体现出以下特征：

（一）公共性

高校具有公共性，承担着为国家发展教育和科技的重要职责，并接受公众的监督，而且其接受公众监督的程度与公共性成正比。因此，高校在制定其财务战略规划时，不仅要考虑自身的办学条件和特色，还要考虑满足国家和地区建设与发展的需要，符合国际高等教育发展和科学技术进步的趋势。为了确定未来的发展战略，高校要考虑全部利

益相关者的诉求，这一点与其他组织明显不同。

（二）更多的环境制约

影响高校发展的环境因素包括市场环境因素和政治环境因素。与企业主要依靠市场获取资源不同，高校主要依靠政府管理部门（如拨款），或依靠其自身提供的服务补偿（如学费）来获取各种资源。因此，虽然高校财务战略管理也关注效率和效果，但是经营压力要小于企业。与企业相比，高校财务战略管理要面对更多的制约，各种法律、法规、制度、章程规定的义务与责任在一定程度上减少了高校的自主性和灵活性，导致高校在如专业设置、招生规模等问题上不仅受到市场的制约，更受限于政府的规定，从而影响其财务战略管理决策。

三、高校实施财务战略管理的意义

随着社会的发展和时代的变迁，高校实施财务战略管理是高校财务管理工作的飞跃，也是高校向科学管理迈出的重要一步。财务战略管理实现了高校财务管理职能、空间上的扩展，未来高校的生存与发展、成功与失败，在很大程度上取决于其财务战略管理质量的高低。

（一）有利于高校创造和保持持续竞争优势

高校传统的财务管理以成本、费用的最小化和财务风险的控制为目标，并将这一目标贯穿到预算、决策和风险管理等财务管理活动中。财务战略管理以创造和保持高校的可持续竞争优势为目标，关注高校的未来发展，通过财务战略的选择，为高校在未来的竞争中击败对手提供科学依据。可以说，以提高竞争力为目标的高校财务战略管理，改变了传统财务管理的视角，将财务决策提升到战略的高度，同时也为高校在市场竞争中创造和保持可持续的竞争优势提供了可行的战略选择。

实施财务战略管理要求高校关注当前的运行状况，更要重视学校的长期发展、可持续发展能力、持续竞争优势。为使高校能够按照财务战略导向从事学校的运营和资源配置，高校管理者应树立长期、全面的财务战略目标，抛开一时的得失，追求高校可持续发展情况下的最佳资源配置。

另外，实施财务战略管理除利用财务信息外，还利用非财务信息，改变了传统财务管理中单一财务的业绩计量手段和模式，使高校能够根据财务战略的不同，制定不同的业绩评价标准，将业绩评价与战略管理有效结合。这样不仅有利于实现战略目标在高校内部由上至下的传递，而且有利于在业绩评价中实现结果与过程的统一，为促进高校竞争力的提升和竞争优势的持续奠定了基础。

（二）有利于高校适应日益复杂的竞争生存环境

传统的高校财务管理是以高校内部为重点，基于财务信息，以货币为尺度进行的管理。传统的高校财务管理重结果，却忽略过程，缺乏高校与其他竞争对手互动的分析和研究。财务战略管理则以高校的竞争优势为主，将视野拓展到了学校外部，关注整个高等教育市场和竞争对手的情况，不仅利用财务信息，而且利用有助于实现高校战略目标的非财务信息。在评价高校财务战略管理的业绩时，将高校竞争力以及竞争地位的提升作为重要的评价标准，可以帮助高校认清自己与其他高校之间的关系，进行准确的市场定位。

目前，许多高校之所以资金周转不灵，财务状况恶化，甚至不能偿还到期债务，主要是因为高校领导对高校生存环境的变化威胁认识不足，没能及时作出应变的财务战略决策。面对竞争多变的生存环境，高校领导必须从战略高度重新认识财务管理，以战略眼光开展财务管理工作，正确判断学校所处环境及变化趋势，把提高高校的适应力、应变力、竞争力放在首位。

有效的高校财务战略管理使高校在战略高度上把握未来发展，顺应环境变化，抓住有利的发展时机，提高高校的财务实力，保持可持续的竞争优势。高校要根据不同的战略目标、外部环境，拟定不同的高校财务战略，从而保证在竞争激烈的市场环境下，与时俱进，取得长足的发展。

（三）有利于高校提高资产运营效率

高校传统财务管理体系围绕高校教学、科研活动执行相应的职能和任务，以各责任中心的费用预算为起点编制预算，其编制的预算往往与高校战略目标没有任何关联，资源配置和资产运营存在着低效率、低水平的缺陷。财务战略管理则围绕高校战略目标编制预算，以高校战略为预算编制的出发点，从战略的高度对高校各种资源和教学、科研活动进行预算和安排，预算所涉及的范围也不再局限于高校内部的教学、科研、行政、后勤等基本活动，而是把人力资源管理、教学管理、科研管理等价值链活动纳入高校预算管理体系中，并在预算编制中综合考虑反映学生、其他高校和政府主管部门的其他战略性因素。

财务战略管理促使高校从战略高度实施财务管理，将高校财务管理引向高效、有序。高校如何筹措资金，如何保证高校长期资金的可靠性和灵活性，如何不断降低高校长期资金的成本，如何投资以获得经济利益和竞争优势，在高校环境风险增加的情况下如何在筹资、投资等组成的综合性财务活动中规避风险等，这些问题都要求高校必须重视财务战略管理，运用战略思想和方法，谋求低风险、低成本，资本结构最优，实现长期、稳定、可持续发展。因此，从战略高度统筹规划，增加融资渠道，节约办学成本，向战略管理要效率是高校在竞争中取胜的法宝。基于战略的资金流动，才是高效的资金流动；基于战略的资金增值，才是有意义的资金增值。财务战略管理是提高高校资产运营效率的关键。

四、实施高校财务战略管理的措施

随着我国高等教育事业的不断发展以及市场经济环境的日趋复杂，高校也必将实现从传统财务管理向财务战略管理的转变。具体来说，实施高校财务战略管理的措施包括以下几个方面：

（一）建立和完善现代高校治理结构

基于发展战略构建高校治理结构是高校实现战略目标的必然要求。从财务战略角度看，没有现代的高校治理结构，将导致严重的经济后果。当前高校的竞争战略是建立在现代的高校管理制度和高校治理结构基础上的，通过高校治理形成高校的"政治制度"，实现对高校相关利益各方冲突的协调和平衡。不同治理结构方式导致高校在教学、科研、筹资、投资以及监督机制等方面采取不同的决策方式，形成不同的制度。在财务战略决策中，由于政府主管部门、高校管理者的目标不同，高校治理的一个重要内容就是使高校管理者的行为符合政府主管部门的要求。可以说，高校治理结构对财务战略决策有着重大的影响，是实施财务战略的基础。同时，这些财务战略决策又会反作用于高校治理结构，影响高校的治理效率。因此，高校财务战略管理与高校治理结构是紧密相连的。

任何财务战略管理决策都离不开特定的制度基础，每一所高校的财务战略都是在一定的高校治理结构条件下形成的。高校财务战略管理的实施，绝对离不开高校的治理结构。

（二）重视高校财务环境分析

财务环境分析对高校财务战略管理具有重要的意义。从高校财务环境分析入手，确立高校财务目标，是高校财务战略管理的出发点和立足点。财务环境分析在财务战略管理中的重要地位，是由高校财务战略管理的性质和特点决定的。可以说，高校财务战略管理的全过程，都离不开以高校外部财务环境及内部资源条件分析为基础，在财务战略管理目标统领下，对财务战略进行的决策、实施、控制和评价。正确的高校财务战略必须依赖于对内外部财务环境的正确分析和把握。

尽管在确立高校总体战略时已对环境进行了详尽分析，但由于在层次和视角上的不同，总体战略与财务战略有较大差异，所以在确立财务战略时，仍要进行环境分析，分析时主要强调环境及竞争态势中的财务方面。因此，在制定高校财务战略时，必须在总体战略的指导下，对财务环境作出分析，同时要着重分析一般环境、行业环境及竞争态势中有关财务的重要方面。在财务环境分析过程中，要着重分析宏观社会、经济领域可能影响到高校财务战略的各种因素及其变化，分析国内外行业竞争态势及演变趋势，掌握竞争对手的财务状况、财务战略。可行的财务战略只能是基于详尽财务环境分析而确定的财务战略。

如果高校财务环境发生变化，高校财务战略就必须作出相应的调整甚至重新确立。无论是高校总体战略还是财务战略，都必须基于环境变化作出正确的反应，否则会对高校发展产生严重的负面影响。当然，在强调环境对战略影响的同时也必须明确，并不是说只要环境变化，战略就必须马上随之变化，这种多变的战略就不是战略，而是战术了。战略之所以是战略，正是由于它的前瞻性，即是建立在科学、精准的预见基础上的。所以，高校确定的财务战略既要有良好的预见性，又要能很好地对意外事件作出反应，这些都要以对财务环境的客观分析为基础。

（三）在高校总体战略下科学确定财务战略

高校财务战略只是全面支持高校总体战略的子战略之一，必须在高校总体战略的指导下科学确定。高校的总体战略目标决定了财务战略目标，脱离总体战略目标设立的财务战略是没有存在价值的，也只有将其纳入高校战略的大系统，才能显出其意义。财务战略作为高校功能性子战略之一，不仅为高校总体战略目标的实现提供资金上的保证，也为高校各战略的实现提供财务上的支持。

同时，高校财务战略管理具有相对独立性，它既有战略管理的共性，又有财务管理的特性。在战略管理的大环境下，财务活动不仅是高校财务部门的"局部"业务活动，也是对高校战略目标实现和高校可持续发展有着重大影响的业务单元。财务战略管理不只是高校日常管理活动中附属的职能，还是有着不同于其他职能战略的具体管理内容的综合管理活动。可以说，只有在高校总体战略的指导下科学地进行财务战略管理，才能让高校财务战略更好地为高校发展保驾护航，实现高校总体战略目标。

（四）重视财务战略与其他职能战略的协调

高校财务战略作为高校竞争战略的子战略之一，除了从属于总体战略，还要受其他战略（如教学发展战略、科研发展战略、学科提升战略等）的影响。因此，在确定高校财务战略时，要重视职能战略之间的相互制约和相互支持。高校资源在全校范围内运动，要达到资源配置的均衡有效，财务战略必然需要其他职能战略的配合。实现财务战略与其他职能战略的配合可以采用以下两种方法：一是设立高校战略协调委员会，负责对各职能战略开发提供指导。该委员会应由来自各职能部门的代表组成，以有助于各职能部门间的有效沟通，调动其积极性和创造性，促进战略实施。二是由校长或一名副校长负责各职能战略间的相互协调。由校长或副校长进行协调，其权威性强，有利于战略的有效实施，但是有可能挫伤各职能部门管理人员的积极性和创造性，并导致战略管理官僚化。

其他各职能战略与财务战略的关联度存在差异，高校必须重视协调与财务战略关系密切的职能战略，在战略协调方面关心真正重要的问题，保证财务战略有效执行。

（五）合理配置财务资源

高校财务战略的实现需要以合理的财务资源配置作保证，合理配置财务资源也是高校财务战略的一个目标。高校财务资源配置主要涉及高校融资中的资源配置和高校投资中的资源配置，即对资金来源的组合和对资源使用的安排。高校财务资源配置是高校投融资的组合，是高校资本结构的组合和安排。选择适当的融资方式以实现高校最优资本结构是高校融资财务资源配置的基本原则。选择合理的投资机会、安排适宜的投资方向和投资规模以利于高校的长远发展是高校投资资源配置的基本原则。

高校财务资源配置效率取决于不同环境下财务资源配置的合理性。不同的高校财务战略对高校的资源配置有不同的影响：某一财务战略下的科学财务资源配置对另一财务战略来说可能是错误的；对某一财务战略来说非常重要的财务资源配置，在另一财务战略下可能是无关紧要的。合理的财务资源配置，能提高高校财务资源的使用效率，为高校提高竞争力、实现可持续发展提供必要的物质准备。

（六）加强高校战略成本管理

为了实现和维持高校的竞争优势，高校管理者必须审视高校内部资金流动过程，加强高校战略成本管理，形成一套不断改善和提高高校价值链中作业价值的战略成本管理方法。在高校战略成本管理中，首先要丰富高校成本管理的内涵，以高校教学、科研等活动的作业链为中介，对费用的发生进行控制；其次要明确高校战略成本管理的长远目标，高校战略成本管理是为了使高校获得未来长期的竞争优势，而不是以短期成本的高低为判断标准的；最后要突出高校战略成本管理的全面性，即不是站在高校某项管理的单一角度谈成本控制，而是在对高等教育整体和其他高校分析的基础上，以高校全局为对象进行战略成本管理。

第三章　高校预算管理

第一节　高校预算管理概述

一、高校预算管理的定义

《高等学校财务制度》将高校预算管理定义为："高等学校根据事业发展目标和计划编制的年度财务收支计划。"高校预算管理是学校各二级单位日常部门收入、支出的主要依据，是高校资源分配的具体体现，也是学校规模和发展动态的货币反映。

高校预算管理是财务管理的重要内容，其主要由收入预算及支出预算两个重要部分构成。预算管理贯穿高校财务活动的全过程，包括预算编制、预算执行、预算控制、预算评价四个环节。通过预算编制，可以明确工作目标；通过预算执行和控制，可以逐步实现并优化工作目标；通过预算评价，可以分析成果和目标之间的差距，为未来预算的编制提供信息。

二、高校预算管理的分类

（一）根据内容划分

根据内容，高校预算管理可以划分为收入预算管理和支出预算管理。

收入预算管理是指高校对年度内各种形式及渠道可能取得的，可用于进行教学、科研及其他活动的非偿还性资金的收入计划及其管理，具体包括上级补助收入、财政补助收入、教育事业收入、科研事业收入、经营收入、附属单位上缴收入和其他收入预算管理。收入预算管理是完成高校事业项目计划的保证，体现了高校经费来源结构。

支出预算管理是指高校对年度内用于开展教学、科研及其他活动的支出计划及其管理，具体包括事业支出、经营支出、对附属单位补助支出、上缴上级支出和其他支出预算管理。支出预算管理反映了高校的资金规模、发展方向和发展力量。

收入预算管理和支出预算管理两者互相依存，共同组成学校的预算管理。

（二）根据范围划分

根据范围将高校预算管理划分为校级预算管理和所属各级预算管理。

校级预算管理是指高校除国家和地方政府拨付的基本建设资金和独立核算的校办产业经营支出以外的全部资金收支计划及其管理。校级预算管理的核算直接反映学校预算收支执行情况。

所属各级预算管理是指包含于校级预算之内的，由学校下属各级非独立核算单位及部门编制，或具有特定用途的项目资金收支计划及其管理。它包含学校所属各级非独立核算单位或部门的预算管理和具有特定用途项目资金的收支计划管理，如科研项目经费预算管理、捐赠收入预算管理。

三、高校预算管理的职能

随着预算管理理论的不断发展，预算管理的实践也得到进一步的深化和完善，当前高校预算管理的职能主要有以下几方面。

（一）规划职能

预算管理以学校管理者对高校的发展预测为基础，预测能够反映高校事业的发展规划。预算的编制使高校的规划成为计划，并通过预算的执行得以实现，这体现了预算管理的规划职能。

（二）协调职能

预算管理的协调职能主要体现在以下几个方面：

第一，要实现预算总目标，各个部门的预算及其所属的其他分支预算之间必须相互协调、密切配合。

第二，预算将各部门联结在一起，合理配置资源，使高校利用有限的资源获得最大的经济效益。

第三，高校需要及时调整各项事务安排以适应外界环境的变化，以便更好地执行预算。

（三）控制职能

在预算管理过程中，控制职能作为基本职能连接整个管理过程。预算编制属于事前控制，预算执行属于事中控制，预算差异的分析属于事后控制。

四、高校预算管理的原则

（一）预算管理总体上遵循"量入为出、收支平衡、效率优先、兼顾公平"的原则

"量入为出、收支平衡"是预算管理中收支预算的基本要求，"效率优先、兼顾公平"是预算管理中合理分配预算资源的依据和标准。学校预算资源的安排在效率优先原则的基础上，还要兼顾公平，在预算分配过程中必须立足于全局考虑。

（二）收入预算坚持"积极稳妥"的原则

高校要抓住当前教育发展的有利时机，挖掘潜力，积极拓展资金来源，增加收入。在预算编制时，高校要按照相关规定将本校所有收入列入预算，不遗漏，也不高估，并要充分考虑影响收入的各项因素，做到不漏算、不重复，贯彻"积极稳妥"的原则，做到收入预算项目明确、数字准确。

（三）支出预算坚持"统筹兼顾、保证重点、勤俭节约"的原则

支出预算以收入为基础，必须量力而行，不能超出高校的综合财力编制赤字预算。编制的每个预算项目数据要有客观依据，充分体现高校的办学方向和各学科差异，适应高校未来发展需要。在一切从实际出发、厉行节约、勤俭办事的前提下，高校要分清主

次、统筹兼顾、保证重点,合理地安排使用各项资金,发挥资金的最大使用效益。

第二节　高校预算管理的现状及分析

一、高校预算管理存在的问题

伴随着我国高等教育的改革与发展,越来越多的高校认识到预算管理的重要性,并在预算编制、预算控制等方面取得了一定的成果。但是部分高校对预算管理仍存在很多认识和实践上的盲区,如缺乏完善的预算管理体系、对高校预算管理的认识不够全面等。一些高校在预算编制时仍然沿用粗略的估算方法,预算的执行也存在比较大的随意性,频繁增减预算项目,认为对预算执行结果没有考核和总结的必要等。下面从预算编制、预算执行、预算控制、预算评价四个方面对高校预算管理存在的问题进行论述。

(一)预算编制中存在的问题

1.预算编制缺乏前瞻性和科学性

长期以来,高校主要以前一年度的日常收支作为预算编制的基本标准,并适当考虑影响收支的因素,凭经验而定,缺乏可靠、规范的方法,缺乏科学的分析预测,只是在既定的收支之间安排资金,没有很好地将预算编制与学校未来收入能力的预测结合起来,缺乏前瞻性。这样就使得一些巧立名目、预算虚高的部门,资金更宽松有余,而未来可能获得高绩效的项目归属部门反而得不到资金支持,资金流向不合理,严重影响资金的使用效率。

另外,预算编制人员往往不参与学校战略规划的制定,对学校的发展方向不了解,对下年度的工作计划和学校复杂的业务活动的了解有限,各部门之间缺少沟通,预算编制也很少让学校全体成员参与讨论,这些都导致预算与学校发展战略的相关程度降低,无法实现预算的增值功能,不能实现学校资源的有效配置,阻碍了资源的共享。因而预算编制内容通常不够全面,失去了应有的科学性。

各具体项目的预算编制往往缺乏必要的论证，诱发导向性错误。在人员经费预算的校内津贴部分，高校普遍根据教师完成的教学工作量、获得的科研经费数额、发表的论文数量、出版的学术专著、申请的专利数量、获得的教学科研奖励等来决定其应得校内津贴的数额。在实际工作中，这些考核标准很复杂，其中不合理的部分甚至滋生了学术腐败，导致科研成果数量增加的同时，质量下降。另外，不少高校采用综合定额的方法来确定公用经费预算，但对综合定额的制定缺乏充分的论证，导致综合定额的组成内容和计算动因不科学。对于项目支出的管理，在预算申报环节，虚报预算的现象十分严重。

预算编制的不科学还体现在对高校预算编制缺乏有效的监督上。预算编制是学校管理中的重大活动，学校各部门均应参与协调性论证，并对预算编制过程进行监督，而实际的预算编制过程主要由财务部门负责，缺乏有效监督，在预算中或多或少地出现了领导项目、关系项目。同时，由于缺乏科学的经费支出标准，预算编制部门只能主观核定支出，这严重影响了预算安排的公平和效率。

2.预算编制缺乏风险意识

目前，高校的预算管理一般只是收支预算管理，忽视了对一年中不同时段资金需要量与供给量差异的预算，忽视了筹资需求和筹资能力的预测，以致学校的发展规划与资金供求计划脱节，缺乏风险意识，不利于学校规划的实施。高校预算管理风险意识缺失主要表现为债务预算管理的不完善。随着高校规模的不断扩大，高校的银行贷款也快速增加，还款压力给高校造成了极大的经济负担，甚至出现学校年度剩余财力不足以支付贷款利息的现象。高校负债运营可能带来的财务风险在预算编制中缺乏体现，难以实现预算平衡。部分多校区办学的高校更是存在办学成本高、经费投入分散等弊端，抗风险能力较弱。

3.预算编制内容不全面

当前，高校实行全校当年总收入和总支出的综合预算管理。从理论上说，高校预算的编制应当具有综合性，更能反映学校资金运转的全貌。但是在实践中，由于高校资金来源渠道的不断增加，出于多种原因，高校某些院系、部门的资金并没有全部纳入高校预算体系，脱离了预算监督，形成了资金在高校预算管理控制外循环，这容易滋生腐败，影响资金安全。纪检部门查处高校违纪经济行为的有关资料显示，高校的预算外资金主要包括：被院系和部门截留的各类办学收入，各部门私下收取的学生有关服务费用和住宿费，按规定应该上缴学校的培训费和图书、教材折扣费，各部门应上缴学校的各项对内、对外服务收入，出租、变卖学校资产设备的收入，等等。在实际工作中，各高校编制的预算往往只是教育事业费的收支预算,而没有将科研收支、基建收支、经营收支和其他收支等纳入学校的预算编制范围,未能体现"大收大支"的预算编制原则,也没能形成"大预算"的格局。

高校在编制收入预算时,对财政拨款、事业性收费和科研经费三类主要收入及其他收入预算也都难以作出准确估计。对于财政拨款而言,由于其每年指标下达的时间往往滞后于高校预算的编制时间,而且高校在预算执行过程中,追加财政拨款也是常见现象,导致高校无法正确估算财政拨款,使得预算收入的整体性受到了影响。对于事业性收费而言,高校预算编制的时间通常在年末,此时尚无法准确预测年度的入学学生的专业、人数及学费减免情况,导致无法准确估计学费收入,而只能在往年基础上进行增量预算,这往往与实际情况存在不小的差距。对于科研经费而言,关于科研收入来源于哪里、是否能够实现、什么时候可以实现、科研项目的执行期多长、科研拨款是按进度还是按时间拨付等问题,通常给科研预算编制带来极大的不确定性。

支出预算的编制同样具有不确定性。虽然相对于收入预算而言,支出预算的可控性更强些,但是对于未来发生的支出,高校同样无法作出完整的估计。高校可以采用提留机动经费的办法来应对无法估计的未来支出,但又会面临机动经费的预算编制问题,如:机动经费不足,可能造成预算执行中无款可支的局面;机动经费过多,会增加预算执行的随意性。

4.预算编制方法不恰当

高校在编制预算时,基本上采用的是基数加增长的预算编制方法。这种编制方法操作简单,但不透明、不规范、不科学,更不符合公平原则。采用基数加增长的方法编制预算,是在上一年预算的基础上进行的,这等于忽视了上一年预算中不合理的部分,认定上一年预算收支情况合理。这种方法固化了资金在校内部门的分配比例,使得各部门盲目扩大预算规模,却不关注预算的执行情况,资金使用效率低下,浪费现象严重,甚至导致高校重要发展项目因得不到充足的资金而无法进行。

部分高校采用零基预算法编制预算。零基预算法是企业预算编制的有效方法,是加强高校预算管理的一种尝试。目前,在我国高校采用零基预算法仍存在以下问题:

第一,编制零基预算要求机构设置精简,职责明确,以便确定决策单位与控制一揽子决策的数量。但是目前,我国部分高校的职能机构设置不合理,部门间职责、权限界限不清。在这种条件下采用零基预算法,会导致决策单位不明,可能在制定一揽子决策时出现偏差,使资金支出过多而使用效率低下。

第二，高校的零基预算往往只反映预算内资金的日常经费收支，不反映预算内安排的建设性支出和事业发展性支出，更不包括预算外资金和自有资金。

第三，编制基本支出预算时，由于取得的基础数据大部分来自各个部门和单位，因此数据不完整、不准确、不真实的情况时有发生；对于灵活性较强的项目，软指标不易确定，使得一揽子决策方案的制定和选择带有很大的主观随意性。

第四，零基预算编制过程烦琐，编制技术要求高，需要进行复杂的预算分析和数学模型构建，而且涉及大量的预算信息收集和处理工作，使得零基预算法的可操作性大大减弱。

5.预算编制时间不合理

充足的编制时间是保证预算编制质量的前提条件，但目前高校一般都是在十二月份才布置下年度的预算编制工作，一月份就要完成编制，全部时间往往不到两个月。时间的不充足导致预算项目论证不足，甚至重点项目也缺乏精确的分析数据。预算编制晚、时间短是导致预算编制不准确、不科学的重要原因，也必然形成预算执行中要求追加经费的局面，影响了预算管理的严肃性。

6.预算编制人员不符合要求

预算编制是高校的重要工作之一，涉及各个部门和全体成员，各部门和教职工均应积极参与协调性论证。但现状是预算编制过程不公开、不透明，下属部门和教职员工对预算编制的重要性缺乏足够的认识，认为预算编制是学校领导和财务部门的事，对参与预算编制热情不高，对预算编制过程缺乏有效的监督。虽然预算编制涉及学校各部门和全体员工的利益，理应由大家共同参与、协调完成，但在实际工作中，一般由财务部门单独完成，导致预算安排中的某些不合理现象不能及时得到纠正，影响了分配的效率、公平和学校的发展。

另外，预算编制人员的素质良莠不齐也会对预算编制产生不利影响，导致同一经济内容的预算编制口径不相同，造成项目资金重叠投放。例如，不认真的预算编制人员在编制预算时会把若干金额较低的项目合并管理，对合并项目实施粗放的核算和监督，从而使得预算不真实、不完整，与预算编制的原则相悖。

（二）预算执行中存在的问题

高校预算编制后，一经批准，就具有严肃性和权威性，应严格执行。目前，部分高校的预算管理在执行过程中不同程度地存在以下问题：

1.预算执行缺乏约束力

高校预算具备很强的权威性，一经批准下达，一般不得改变，校内各部门、单位和个人都无权对已批准的预算作出增减的决定。但是目前在高校预算执行过程中，预算的严肃性、权威性都没有得到很好的体现，预算执行随意性强。在收入方面，经常存在预算收入不及时入账或长期挂账的现象，导致会计报表信息失实；在支出方面，资金节约意识不强，预算指标到位率低，或者即使到位，也因人为因素在预算执行中频繁追加，年度支出数往往高于预算数，导致资金不能按原有的预算项目口径运行。这违背了收支配比原则，使得高校预算管理发生偏离，削弱了高校预算的约束力。

2.预算执行机制不健全

高校在预算执行过程中往往缺乏资金预算管理的有效机制，比如：不按预算编制口径支出的情况比较常见；高校不同程度地存在项目支出界限不明朗，将项目之间的经费混乱使用，报销经费不归口的问题。另外，部分高校采用传统的成本中心模式进行校内预算拨款管理，将预算支出指标分配至管理部门，再由管理部门将指标逐级分配至院系或者具体项目，在具体执行过程中，预算编制粗略，执行的中间环节过多，甚至出现主管单位截留和挪用下属单位经费的现象，从而导致下属单位资金不足，难以实现既定目标。

3.预算下达不及时

一般来说，高校的校内预算到当年四月份前后才能下达，此时全年时间已经过去四分之一。这样一来，在内部预算尚未下达的几个月中，高校实际上处于无预算管理状态。由于预算未下达，各部门的运行资金只能靠预算赤字解决，在预算支出上也只能参考上年的经费指标执行，从而给高校预算执行带来很大的隐患。这种情况严重影响了预算的严肃性和权威性，降低了预算管理的有效性。

（三）预算控制中存在的问题

缺乏有效的预算控制，再好的预算也不能达到预期的目的。因此要加强预算控制，必须建立起有效的预算控制体系。高校预算控制体系包括事前控制、事中控制、事后控制三项内容。目前，有些高校对全面预算控制的认识不足，尚未建立完整的预算控制体系，有的虽然已经建立，但控制不力，形同虚设，使得高校的预算管理部门缺乏对预算执行过程中由各种主、客观因素影响而造成的变化进行快速反应的能力。预算控制力度不够削弱了预算管理的权威性。

1.事前控制的问题

很多高校长期发展规划意识不强，缺乏对整体资源的合理安排和规划，甚至对学校未来一年内的运营能力、现金流动性和一年以后的财务状况缺乏必要的分析与判断。同时，事前控制还存在预算下达滞后的问题。高校预算反映学校年度内所要完成的事业计划和工作内容，同时也反映学校的事业发展规模和目标，预算下达的时间滞后，必然会使学校管理的有效性降低，目标的实现受到一定程度的影响。由于预算编制时间不充分和预算指标下达滞后，事前控制往往成为一种事后预算，起不到应有的作用。

2.事中控制的问题

我国高校原则上执行全面预算管理，但从实际情况来看，预算控制主要以事后控制为主，缺乏事中控制。预算下达后，如果不进行严格的事中监督与控制，就失去了其应有的意义。部分高校在预算执行的过程中，由于管理手段的局限和责任感的缺失，常会出现预算执行部门对本部门的预算执行情况掌控不准确，只有在预算即将超标或已经超标时才对年度预算开支内容及合理性进行分析的现象。此外，因预算申报口径与预算支出口径不一致而引起的支出缺乏控制现象，在实务操作中也没有得到很好的解决。事中控制的不严格使大量不合理的支出被忽视，这是引起舞弊和错误的重要原因之一。

3.事后控制的问题

目前，高校对预算执行事后控制的认识仍不全面，"重会计核算，轻预算分析"的现象十分常见，认为只要支出按规定列支且不突破预算指标，就是预算的良好执行。同时，事中控制的无力导致管理人员不能及时取得预算执行情况的真实数据，也是事后预算控制分析不够具体、翔实的原因。这样的事后控制很难对以后的年度预算进行有意义的指导，也很难对教职工进行有效激励。

（四）预算评价中存在的问题

高校各个部门都是预算的执行部门，只有激发每一位教职工努力完成预算评价考核标准的行为，才能实现预算管理约束和激励的目的，保证预算被全面彻底地执行，同时辅之以内部审计和严格的预算控制考核制度的监督，保证预算评价的执行力度。目前我国部分高校预算评价还没有实现具体到每一位员工的全面预算评价，所以很难真正起到绩效考核激励和约束的作用。

高校预算评价体系的设计包括两个维度：一是评价预算目标的完成情况；二是对预算组织工作的评价，即对编制的准确度、上报的及时性、控制分析的全面有效性等方面的衡量。在评价指标的设计上可以引进平衡积分卡的模式，不仅要考虑财务指标，还要通过非财务指标评价内部流程的合理性、高校未来的成长能力、组织员工学习与成长的能力等。评价指标的设计要简单明了、可操作性强，具有长期稳定性，以便进行趋势分析，总结经验。评价方法也不应仅仅局限于目前的固定年终考核，而应同时开展可在平时采用的突击考核或者其他周期更短的定期考核，以避免机会主义的产生，及时掌握预算目标和实际执行情况之间的差异，落实责任。当前高校预算评价中的考评方法简单、片面，导致预算评价不科学。我国高校的预算考核主要是年末的综合考评，即预算期末对各部门预算完成情况的分析评价。大部分高校的预算编制不够合理及预算执行中的调整不足，导致部门预算指标计划与评价的脱离；同时，评价体系本身存在着不完善，评价结果随意调整程度较大，导致实际评价结果并不能完全反映当期预算的执行情况，无法起到对下一期间预算指标编制的指导性作用。

奖惩制度是预算评价中的重要环节，是将高校对所属部门和员工的约束和激励具体化到可实施层面的有效手段。理论上，在通过预算管理实现对高校发展战略规划的量化的同时，也产生了高校预算评价所需要的依据和标准，这样有依有据的奖惩制度科学、公正和透明，也有益于高校战略目标的实现。但是由于目前大多数高校的预算管理制度尚不健全，也缺乏科学的预算管理激励机制，导致节约的部门没有奖励，浪费的部门也没有惩罚，使预算评价失去了应有的公正性和权威性。预算评价监督的缺失还可能导致各部门在编制预算时为了防止年终没有钱花，随意夸大支出项目和金额，资金使用效率降低，浪费严重，无法实现高校的发展目标。

二、高校预算管理不力的原因分析

（一）对预算管理的认识问题

对预算管理作用的认识不足，是高校预算管理不力的原因之一。预算是高校全方位计划的数量说明，是全校各部门和所有成员共同参与组织、执行的综合性管理系统。预算管理是高校财务管理的中心内容。但在我国，部分高校认为预算就是财务表格和用款指标，预算主要是学校财务、行政部门的工作，预算申报随意，预算执行刚性不强，从而出现错报、漏报现象。有的部门仅根据财务部门提供的项目，报一些主观性的财务指标，敷衍了事，有时甚至多报、虚报经费指标，导致一级预算平衡、二级预算失衡，进而造成预算编制和执行的脱节。

对预算管理作用的认识不足，导致高校只关注经费使用数额是否超出预算，而忽视经费使用内容与年初预算内容的一致性，以致每到年末，为了防止下年度预算消减，所属部门对未消费的预算额度突击使用，使预算失去了应有的严肃性。更有甚者认为加强预算管理制度的做法不利于调动各单位、各职能部门及职工的积极性和创造性。

忽视预算管理的全局性和对高校发展的重要意义，会导致高校预算管理只注重资金分配，忽视物资管理及业务活动管理。预算编制、资金拨付、物资采购、业务活动等环节，未能形成统一管理，致使财务部门对部分业务活动的具体情况不清楚，给预算管理带来诸多问题。事实上，预算管理不仅要反映学校预算年度的财务指标，还应反映各项事业的计划和任务，应涵盖教学、科研及管理的所有环节，应将预算管理从单纯的管钱向钱、物、业务三者统管发展，从而真正发挥预算管理财务筹划、预测、组织协调的综合职能。

（二）外部环境的复杂性

社会主义市场经济体制的不断发展和高等教育国际化进程的加速，使我国高校面临着日益复杂的外部环境，这对高校的预算管理产生了很大的影响。

一方面，近些年高等教育市场的放开，高校间竞争的加剧对预算管理产生了很大影响。随着高校招生规模的不断扩大，高校的学费总收入不断增加，教室、宿舍、图书馆等硬件设施建设，以及师资水平、科研能力等办学软环境在一定程度上得到了改善。但是，伴随着高校间竞争的加剧，一些教学、科研水平较低或缺乏专业特色的高校已经出现招生乏力、生源不足的情况，每年新增学生数与招生计划不符，学费收入不能准确测算，使这些高校财务预算的准确性受到了严重影响。

另一方面，银行贷款过多对预算也有较大的冲击。为了满足高校扩招带来的建设需要以及符合教育部评估的场地规模要求，我国部分高校以举债的方式进行了扩建或搬迁，有的高校一次性贷款数额就相当于该校十年预算的总和。对于这些高校来说，仅依靠自身力量顺利偿还本息几乎是不可能的。为了避免数额较大的赤字预算,部分高校往往不将贷款列入预算,而是将发生的贷款全部挂在应付款科目内运行,或者只将当年能从预算外收入中归还的贷款本息数列入预算收入与支出,无法归还的贷款本金仍挂在应付款科目内,从而造成虚假的预算收支平衡,严重影响了预算的真实性。

(三)预算管理中的信息不对称

高校预算管理中的信息不对称主要表现在以下几个方面:

1.政府主管部门与高校之间的信息不对称

对于高校具体项目的真实情况,政府主管部门和高校之间存在着信息不对称的现象,项目预算的批准额度在很大程度上取决于该项目申报者的游说能力和决策者的偏好,虚报预算现象比较严重。

2.高校高层管理者与预算编制部门之间的信息不对称

高校实施预算管理是为了高校生存、发展,并不断实现高校价值的提升。高校的管理者希望在本校战略要求和发展规划的基础上,进行符合本校实际情况的预算管理。高校高层管理者与预算编制部门之间的信息不对称,使得预算编制部门在编制预算过程中,即使按照规定的程序来编制,也可能造成实际预算脱离本校目标,无法满足高层管理者需要的情况。如果预算编制部门只考虑高层管理者的意愿,则可能会令各预算执行部门不满,在预算执行时产生各种问题。

3.预算编制方与预算执行方之间的信息不对称

预算的执行方一般是高校的下属各部门,是预算执行的基本单位,它与预算编制方基本上处于对立的位置。预算编制方倾向于将预算支出指标定得低一些,以便更灵活地安排全校的整体活动,使高校整体项目顺利完成;对于预算执行方而言,争取较宽松的预算是基本出发点,预算支出指标定得高一些可以减轻资金压力,便于各项活动的积极开展。预算编制方与预算执行方之间的信息不对称很有可能导致在双方的博弈中,真正需要的部门没有获得应得的预算额度,却将资金分配给了不应获得资金的部门。

(四)缺乏有效的权力制衡机制

预算编制、执行、控制和评价过程中缺乏有效的权力制衡机制,也是预算管理出现问题的原因之一。高校预算编制后要经过校内的三个环节批准:分管财务的校长、校长办公会、职工代表大会。在现行管理体制下，职工代表大会只具有否决预算而没有更改预算的权力，对预算的编制程序没有实质改变。预算编制部门在编制预算时往往留有一定数额的机动资金，以应对意外，在实际工作中对这部分资金的使用限制很少，常常用于填补预算执行严重超值项目的资金损失。就预算评价考核而言，这种做法不是奖励成功，而是奖励失败。预算编制、执行、控制和评价中权力制衡机制的缺失是预算编制不合理、预算控制失效、预算执行失误、预算评价不力的主要原因。

（五）高等学校预算改革滞后于财政部门预算改革

自 2000 年以来，财政部门预算实现了从"基数预算"到"零基预算"的转变，从"年度预算"到"滚动预算"的转变，从"投入式预算"到"产出式或绩效式预算"的转变，这几个转变使财政预算水平得到质的提高，部门预算不断细化、规范。然而，在此期间，高校预算管理虽然也取得了一定程度的进步，但是仍滞后于财政部门预算管理。高校预算管理与财政部门预算管理的步调不一致，预算管理制度的不唯一和不稳定，造成高校预算管理人员在制定预算时缺乏可靠的依据，常常依靠主观认定，进而造成预算制定与财政部门预算要求的偏差。同时，目前高校的机构设置和职责分工无法适应预算编制的要求，预算编制的公众参与度低，预算审批也存在着一定的漏洞，造成预算松弛的现象。

目前，财政部门的预算改革超前于高校预算改革，以事业单位来衡量高校，则会出现考虑不够全面的现象。由于高校的特殊性及其经济活动的复杂性，其预算编制很难细化到财政部门预算要求的程度。特别是在实行国库集中支付后，高校对大部分资金的调整缺乏灵活性，造成突击花钱等弊端，大大降低了资金的使用效率。以零基预算为例，理论上讲，零基预算的编制有许多优点，但在实际编制时，若管理水平没有达到编制零基预算的要求，则是无法真正做到零基预算的，过度地追求细化只会导致事倍功半。以绩效评价为例，由于高校人才培养、科学研究、社会服务等的特殊性质，使其与工厂不同，"产品"的效益很难在短期内显现出来，而且生产的社会效益和经济效益同时存在，甚至社会效益大于经济效益，因此绩效评价很难像企业那样完全以量化标准来进行。

（六）高校总体管理水平低下

在预算管理中，高校总体管理水平低下，影响了高校预算管理编制、执行、控制、评价等环节的运行效果。

1.高校管理水平低下表现为对全员管理的漠视

管理是全体成员的管理,而不仅仅是组织领导者的工作。全员管理不仅意味着管理活动应当将全体成员纳入控制和监督的范围,还要求建立适合全体成员共同参与的管理体制,实现和尊重所有全体成员参与管理的意愿,使其更好地为组织的发展作出贡献。全员管理应该体现在高校管理的所有领域,特别是对高校发展至关重要的预算管理上。正是对全员管理的忽视导致了预算管理中很多问题的发生。比如:由于缺乏全员管理的观念,有些高校将预算划归财务部门负责,预算编制人员也全部是财务相关人员,而其他了解高校运行及建设发展的相关人员没有参与到预算编制工作中。同时,在编制预算时,高校根据总体经费结合各院系师生人数、工作量等情况分配各单位的项目经费预算,而不征求各下属单位的意见,导致预算不切实际。在预算执行上,忽视各执行单位的能动性,不要求其编报经费使用计划,无法落实对具体支出项目的控制。在预算评价上,部分高校在预算评价指标制订过程中没有实现全员参与,仅仅由管理人员来制定,往往会脱离实际。预算评价标准过高,大多数教职工未达目标,会导致教职工缺乏信心,人心涣散;预算评价标准过低,又会造成资源的浪费。

高校的预算管理是全员管理,所有教职工都是预算的制定者,同时也是预算的实际执行人。合理的预算管理应充分调动全体教职工的积极性,最大限度地发挥他们的主动性和创造性,只有这样才能使高校不断发展。

2.高校管理水平低下表现为管理者的急功近利

由于高校的中高层管理者普遍实行任期制,各级管理者都想在任期内有所作为,因此发展项目较多。在资金供应有限的情况下,部分管理者在决策时往往不是从学校长远发展的角度来考虑,而是强调短期效果,希望在任期内就能有所回报,对学校发展造成了不良影响。

第三节　高校预算管理改进建议

加强预算管理是实现高校财务管理现代化、制度化的重要手段,是规范学校内部管理秩序的必然要求。高校应在坚决贯彻《中华人民共和国预算法》的同时，结合本校的办学实际，从预算编制、预算执行、预算控制及预算评价四个方面，完善和细化预算管理制度，提高预算编制质量，硬化预算约束，促进学校可持续发展。

一、高校预算管理改进的基础工作

（一）重视预算管理工作，强调预算管理的参与性

预算管理工作是高校最重要的工作之一，涉及高校的方方面面，因此要广泛宣传预算管理的意义，强化各部门领导的预算管理意识，提高他们的预算管理技能，从思想上为高校预算管理工作的有效开展奠定坚实的基础。

预算作为高校管理工作的一项系统工程，绝不是财务人员单打独斗所能支撑的，要在高校的统一管理下，调动各级单位的积极性，使其参与到预算管理工作中来。在预算管理中强调参与意识，可使高校预算管理更加民主与合理。各级单位积极沟通，可以在保证整体利益的情况下明确各自的职责及目标，提高预算指标的可靠性和预算执行的效果。

（二）规范预算管理制度，构建预算管理体系

高校应制定规范可行的预算管理制度，明确预算收支范围及预算编制、执行、控制、评价的程序、原则和方法。高校预算管理细化的程度，取决于对高校管理活动复杂情况的判断，取决于获取到的与管理相关的信息的多少。高校要对基本支出按照定员定额标准核定，实行零基预算；对项目支出按项目库排序，实行滚动预算；对项目评价，不采用投入式预算，而提倡产出式（绩效式）预算。各预算管理参与部门必须反复沟通，对所有支出项目逐一审核、评估；认真核实申报经费的内容和依据，细化收支范围、分类制定定额标准，按项目重要程度排序，及时发现预算执行中的异常情况，找出原因并予以控制；对已完成项目及时组织验收，做好预算评价。

（三）建立预算委员会，完善预算管理组织

完善的预算管理组织机构是加强高校预算管理的前提和基础。高校预算管理的组织

机构应包括预算委员会、常设预算管理工作组（直属于预算委员会，负责日常预算事务的处理，由学校总会计师或财务处长负责）及预算责任网络，其中预算委员会是最重要的部分。

预算委员会是高校预算管理的最高决策和管理机构，负责对校内各单位申报的预算进行审核，由校长直接领导。目前，各高校预算委员会的成员主要由各校区主管领导及下属各部门负责人构成。鉴于大多数高校实行分层次预算管理体系，为了提高预算编制的准确性，使其符合高校长期发展的需要，合理配置高校资源，加强预算管理，需要建立以教授为主体的预算委员会，选取会计、财务管理、审计等学科有威望的教授进入预算委员会，以增加预算委员会的科学性和权威性，同时体现"教授治校"的高校教育管理理念。

以教授为主体的预算委员会与以分管领导为主体的预算委员会相比，可以避开高校在平衡预算方面的困扰，便于采用零基预算法、绩效预算法等先进的预算方法，更合理、更科学地安排预算，提高预算资金的使用效率。以教授为主体的预算委员会还可以更好地适应教学工作，更好地支持高校教育教学改革。但是，以教授为主体的预算委员会并不能代替校领导在预算上的决策作用，它只是提高了校领导在预算决策上的科学性，最终仍然是预算委员会向校长办公会和党委常委会提出议案，由校领导进行决策。为了避免预算管理决策中的权力腐败，可以对校领导的预算决策进行有效监督，建立理事会。理事会不是参谋机构，而是决策机构，其主要功能是监督高校的运行情况、制定高校整体发展规划、审批投资项目和经费预算。预算编制要经过听证、辩论，由理事会投票决定。理事会的人员组成必须体现独立性、科学性和权威性，校长可以是理事会的理事，但和其他理事会成员拥有相同的权力。这样可以从根本上解决或缓解高校预算管理中的内部人员控制问题，对领导者进行有效的权力监督。

二、预算编制的改进建议

（一）树立预算编制的全局观念

为了更好、更快地实现高校战略，高校在编制预算时必须在预算方案中充分体现主要发展目标、实践路径以及影响目标实现的关键因素。预算的编制要在高校整体规划的基础上，紧紧围绕高校的中心工作制定，以强化各部门的参与机制，使教职工更了解自己的工作职责和本部门、本校的现实需要、发展潜力及未来变化。这样编制的预算指标也更接近高校实际，预算的准确率也更高。

（二）协调高校预算与财政部门预算

目前，财政部门的预算改革超前于高校预算改革，财政部门应根据高校的管理需要，尽早出台相关的预算调整办法和审批程序。在相关文件出台前，高校的预算编制工作应做好以下两点：第一，编报时间要衔接。高校的预算一般在上一年年底编制，而财政部门预算的编制时间较早。为了与财政部门预算相配合，高校的预算编制也应适当提前。第二，高校会计科目的修订。目前的高校会计科目在科目设置、核算口径和内容上均与财政部门预算不相适应，不利于预算的执行和控制。只有将科目设置加以完善，进一步明确适用范围及口径，增加科目或扩展科目内涵，才能为高校预算与财政部门预算的协调一致奠定基础。

（三）做好编制预算的基础工作

首先，建立健全预算编制机构。高校应在预算委员会指导下建立预算编制小组，负责预算编制的项目审查、定额核定、指标分解与调整等业务。各下属部门要确认一人负责预算编制工作。编制预算时，财务部门负责组织召开预算工作布置会，明确各部门预算编制人员的职责，统一预算口径。各部门根据预算编制小组下达的预算目标，结合本部门的特点，提出本部门的具体预算方案。预算编制小组根据学校的发展规划和实际情况对各部门上报的预算方案进行审查、汇总、综合平衡，提出修改建议，以保证高校总预算的准确度。

其次，在编制年度预算之前，财务部门必须认真学习上级部门颁布的预算编制及其他文件，领会高等教育的政策变化，了解新的收支标准；把握学校的年度工作要点，明确重点项目和常规项目，保证预算编制的政策性、科学性；核实预算年度教职工人数、招生人数、毕业生人数等各项基本数字较以前的变化，确保预算编制中的工作量适当和定额标准的准确性。

最后，对上一年预算管理工作进行分析和总结。财务部门要认真分析上一年度的预算编制和预算执行情况，分析各项预算标准完成或未完成的原因，找出问题，总结经验；在广泛听取各部门预算编制要求的基础上，汇总各单位材料，充分论证，对合理的建议和意见及时采纳，对上一年预算中出现的问题进行有效的改进，使预算的编制更加科学、合理。

（四）多种预算编制方法结合使用

当前高校不合理的预算编制方法影响了高校预算管理的效果。预算编制方法的改革，不是简单地抛弃过去的方法，采用全新的预算编制方法，而是在预算编制时，根据具体情况，将零基预算法、复式预算法、滚动预算法、绩效预算法等结合使用。

零基预算法是一种对所有的预算支出均以零为起点的预算编制方法。它打破了以前年度的习惯，重新研究、分析和判断每项预算支出的必要性和具体额度。高校在确定各部门、各项目的预算数时，可采用零基预算法。例如：对教职工的工资支出，按照标准逐人重新核定；对事业性支出、人员经费支出等重新分类，将预算编制到具体项目中。零基预算法可以压缩经常性经费开支，优化支出结构，将有限的资源用于学校发展最需要的项目上。与传统的增量法相比，零基预算法有明显的优越性。

对建设性支出预算，高校可采用复式预算法。首先，将高校总预算分为经常性支出和建设性支出两部分；其次，将建设性预算支出依照项目重要程度建立项目库，并根据实际进展及时进行相应调整；最后，根据高校的资金情况依次安排。在建设性支出预算的执行过程中，高校可以根据预算收入的增加或者经常性预算支出的节支调整建设性支出的金额，依次递补。

滚动预算法考虑中长期发展规划与资金供给的协调关系。在编制中长期预算时，高校应采用滚动预算法。运用滚动预算法可以依据高校实际对中长期预算不断地进行调整，以避免中长期预算脱离实际引起的盲目性，进而提高预算编制的科学性和准确性，充分发挥预算的指导作用。

在编制校内部门预算时，可采用绩效预算法。绩效预算法将部门预算经费与其工作任务、工作业绩及其所产生的效益直接挂钩，实行浮动的激励措施，加强学校对部门经费预算的管理、督导和考评。

（五）适度赤字预算

高校预算管理一直在"量入为出、收支平衡、效率优先、兼顾公平"的原则指导下进行,但如今高校预算的编制应该突破以往的约束,有条件的高校可实行适度赤字预算。在高校支出逐渐增加,资金供求矛盾日趋严重的情况下,采用适度赤字预算可以保障高校重点发展目标的实现。这里所倡导的赤字预算不是永久性的赤字预算报告,而是在特定时期内的短期存在,若从高校发展的中长期看,则赤字应逐步减少,直至消除。

在特定时间内编制适度赤字预算,对高校中长期发展及科学规划有深远、积极的意义,可以集中财力在短时间内办大事,保证学校重点项目的完成;还可以打破常规的发展方式,抓住发展机遇,明显提高学校的办学条件或科研水平,提高学校的竞争力。综合权衡财务费用和未来通货膨胀对教育资金的影响以及高校所获不动产、无形资产的未来升值,编制赤字预算更是利大于弊。与赤字预算相适应,高校要在除目前以一年为期的常规年度预算外,补充编制中长期预算,将年度预算和学校的中长期发展规划结合考虑。克服过去仅有年度预算而带来的短期行为,使得学校的预算收入能够在未来更长的时期内实现动态平衡,即允许某些年度预算结余和另外一些年度的预算赤字,使高校在未来一定时期内(2～3 年)实现自我调节,从而使预算编制贴近高校的发展实际,提高资金的使用效益。

(六)远近结合,编制中长期预算

高校的中长期预算编制除了上面所述可以与赤字预算相配合,还具有更重要的意义。可持续发展是高校生存的首要目标,而中长期财务预算是高校可持续发展的基本保障。中长期预算是基于高校长远发展的更高层次的预算,可以是 3～5 年期预算,甚至可以是 10 年期预算或更长。在编制中长期预算时,高校要将运营与发展相结合,充分考虑可持续发展,紧紧围绕战略目标来进行。编制中长期预算还要注意不同时期、不同阶段的变化,要根据预算对象的多元化,突出不同的预算重点,既要立足眼前又要兼顾未来。

(七)合理预算收入,科学安排支出

预算编制包括收入预算编制和支出预算编制。高校收入预算编制必须坚持稳健性原则,把正常条件下可以实现的合规、合法收入全部纳入,不得高估收入,将无经济依据的收入纳入预算,也不能过于保守,隐藏收入,使收入预算失去可靠性,进而影响支出预算的合理编制。高校要把收入预算编制工作落实到各下属单位,按来源测算收入,并按单位汇总，使收入预算的编制更加具体、准确。

　　高校预算支出的编制应以实事求是、科学客观为出发点。编制的支出预算应符合学校的实际情况，预算编制的支出项目和金额要真实体现下属部门的事业效果。编制支出预算时要注重支出结构的优化，分清轻重缓急，倡导勤俭节约。例如，对于公用经费的预算要根据各院系、行政部门等经费性质的不同，实行分类分档编制，如：院系按学生人数、层次，根据日常维持费、实验实习费等综合定额与专项定额相结合的方式确定公用经费；行政部门按照职责范围的不同，制定不同的分类分项定额，并辅以特殊支出，如学科建设、教改项目等的专项补助。

（八）下属部门编制责任预算

　　高校各下属部门有使用预算经费的权利，也必然要对预算编制负有责任。编制责任预算，必须设置责任标准。高校各部门（责任中心）在申报部门预算支出草案时，要同时申报经费支出报告，阐明各项预算经费的金额标准、预期使用时间、责任目标以及按照预算使用经费的承诺书等。财务部门在收到预算经费支出编制报告后，编制预算收支报表和资金流量计划表，并将各部门的预算目标统计归总，提交预算委员会讨论。对于预算期内责任目标的设定，如果全部交由各部门（责任中心）完成就会造成预算管理松弛，若完全由预算委员会设定则容易脱离实际，理想的责任预算编制应是两者的结合，流程如下：制定方针—责任中心编制—责任中心上报—学校汇总—委员会讨论决定。

三、预算执行的改进建议

　　再好的预算，若离开有效的执行，则只能是一纸空文，因此严格地执行预算是保证预算管理落到实处的关键环节。

（一）完善国库集中支付制度

　　完善国库集中支付制度是保证高校预算执行效果的基础和前提。修订与国库集中支付制度不相适应的规章制度，完善相关的管理办法；保留学校基本账户，对学校非税收入采用集中汇缴方式，并以基本账户作为非税收入过渡户，归集、记录、结算非税收入款项；允许学校零余额账户向学校基本账户和基建账户转付特定的资金，以解决项目资金归属、基本建设拨款、向后勤集团和分校区划拨资金等国库改革中遇到的各种问题。

（二）强化政府集中采购管理

要做到预算执行与预算相一致，还要强化政府集中采购管理。如今，高校规模逐渐扩大，内部管理权限越来越分散，商品采购品种多、技术含量高、时效性强。政府采购具有时间长、审批严、程序多的特点，在政府集中采购管理下，高校预算执行要做到与预算编制相一致确实不易。因此，积极强化政府集中采购管理，在保证效果的情况下缩短审批时间，对有效执行预算，规范和管理高校现金及债务，及时准确地提供完整的预算执行报告具有重要的意义。

（三）强化内部控制

建立和强化高校的内部控制制度，有利于预算的执行。在资金有限的条件下，加强财务监督，在资金运作的全过程建立有效的内部控制，可以防止资金使用过程中的错误和舞弊行为的发生，提高资金的使用效益和预算执行的效果。高校可以建立有效的支出内部控制，如差旅费、电话费、招待费等公用支出，实行按支出标准的定额管理；水电费由各部门落实包干；建立采购和领用内部控制，对办公用品等设立材料仓库明细账，进行定期或不定期材料盘点；建立全校统一的实验中心，实验中心按照企业成本核算方法实行内部核算，使用实验室设备要收取相应的费用，收取的费用用于设备的维护和更新。

（四）细化预算

预算的明确、细化是有效执行预算的重要前提。将预算项目、目的、经费、责任、指标、定额等全方位进行细化，分解到每个参与部门与个人，可以保证预算执行有章可循，提高工作效率，防止扯皮，有利于费用分析，是寻求节约执行预算成本的有效途径，还有利于预算执行结果的考核。

（五）严格预算执行

在预算执行期间，不允许随意追加、削减预算，必须在部门年度财务预算计划数额以内使用。对于必须超预算的支出，应按照规定先申请预算调整，经批准后方可按新的预算方案执行。

高校要将非税收入全部纳入预算管理，确保预算收入的实现。在支出方面，高校要设定审批权限，严格执行预算。不论是学校领导，还是各部门负责人，不论其权大权小，都不能在已批准预算外随意变更预算。各部门负责人对本部门预算支出业务的合法性、真实性及用款进度按规定权限审定，财务部门依据原始凭证和已批准预算对全校经济业务的合法性，以及原始凭证的合理性负责，对超预算的开支，有权拒绝执行。

预算项目除发生确实不能继续或不需继续等情况以外，都要严格执行，以保证预算管理的严肃性，实现高校发展目标。

（六）人本管理

在预算执行中提倡人本主义，通过内在激励，使教职工自觉执行预算，可以达到事半功倍的效果。预算执行是建立在财务指标基础上的人的行为管理，管理的核心是人，因而必须摒弃以往"以物为本""绝对服从"的旧思想，树立"以人为本"的预算管理新观念。

以人为本的预算执行要求对预算执行者适当授权，通过财权和事权的下放，监督权和处置权的集中，在高校中实现分权与集权的统一，以增强教职工的主人翁责任感，从而提高预算执行的效果。

高校要建立教职工之间互相关心、互相帮助、彼此尊重与信赖的有利于预算执行的工作环境，从而提高工作效率，增强各项事业任务完成的效果。

四、预算控制的改进建议

（一）预算控制方式的改进

高校预算控制包括纵向控制和横向控制两个方面，对预算控制方式的改进也应从这两个方面入手，既要加强财政、教育等主管部门对高校预算管理的纵向监督，又要加强校内预算的横向控制。

一方面，要建立由财政、审计、社会中介机构等部门或组织及社会舆论共同构成的覆盖事前、事中、事后的纵向高校预算控制体系，强化控制职责，加强高校预算控制力度。高校预算控制体系要从高校预算申报开始进行严格的审查，对预算执行和预算绩效评价等进行有效的控制。预算控制的内容除对程序的监督外，还包括对具体预算内容的控制。另一方面，要完善高校内部横向预算控制制度。将高校全部资金纳入控制体系，明确财务、审计等各部门的职责分工，做到相互协调、信息共享，强化校内预算控制。

此外，还可以实现高校预算公开化。高校要将预算定期向全校师生公布，接受监督，并在预算执行后和预算评价时，接受师生的评议，真正做到预算控制透明化，将预算控制落到实处。

（二）加强事中控制

加强事中控制主要表现在硬化预算约束上，要强调"以预算为中心"的预算控制原则。在预算年度开始后预算尚未批准前，各部门可根据上一年度同期的预算数额安排支出，但预算批准后，除国家政策或招生规模等不可控原因造成的影响外，对预算的变更一定要严格控制，不得擅自调整。同时为了便于预算事中控制的有效实施，对各项目预算经费可以采取分季划拨、年终汇算的拨付方式，从而均衡地控制整个预算期内的项目实施。好的预算方案是进行预算事中有效控制的基础，所以各高校要尽力提高预算编制水平，严格预算编制程序和审批手续，增强预算的准确性和科学性，不留缺口。

（三）借助网络手段实时控制

如今信息技术不断发展，高校可以开发相应的财务管理软件，充分利用日益发达的网络，进行预算支出和使用的查询，使各部门可以随时随地确认自己的预算执行情况，并与已经细化的预算方案相比较，实施部门预算控制。除可以查询预算支出使用外，还可以在财务管理软件中增加横向、纵向比较指标，一方面可使部门负责人对本部门的预算支出额、项目进展程度等全面了解，另一方面也可以对本部门的预算支出绩效作横向和纵向比较。

（四）预算控制手段的改进

1.设置多段监控点

在预算执行开始后，财务部门要注意及时设置预算控制额度。实行计算机报账系统的高校，可设置多段监控点控制日常经费的预算。这样有利于控制预算支出进度和资金流量，提高预算支出均衡性，杜绝突击使用经费的情况，提高资金使用效益，防止预算宽余，也有利于日后预算评价的实施。目前，大多数高校分上半年和下半年两段实施监控时，上半年预算支出安排一般为总预算的 45%，下半年预算支出安排则为总预算的55%。这样既前紧后松，留有余地，又基本上保证了预算支出的均衡性。另外，也可以通过类似的方法实施月度、季度的多点监控，使得预算支出适时和均衡。这种方法适合日常费用的控制。

2.建立有效的分析机制

为了实施有效的预算控制，财务部门应按责任中心编制预算统计表，包括以支出功能分类和以支出经济分类为统计口径的两种预算统计表。编制预算统计表有利于事中控制分析。财务处根据预算统计表按月比较实际发生额与预算之间的差异，并通知各责任中心的预算负责人进行分析和控制，以利于本期预算的执行和下期预算的编制。

对于预算差异的分析，主要从以下几个方面进行：

（1）账务处理正确性的判断

高校在进行会计核算时，要判断收入及支出的入账时间、科目、金额是否正确，以及与已批准的预算方案是否一致。

（2）外部条件变化的判断

要判断是否存在由高校外部条件变化而导致的预算定额标准的变化。例如：预算编制时，博士生生活费按每人每月 200 元发放，在执行预算期内，接到国家相关文件，将博士生生活费调整至每人每月 1 000 元；预算中拟购入某产品或服务，由于技术进步等原因，发现购买另外的产品或服务更能够节约资金或满足需要等。外部条件变化导致的差异可能造成预算超支，也可能节约预算经费，预算管理部门要重点分析，作出正确判断。

（3）内部环境变化的判断

学校内部环境的变化也会造成预算执行时出现不能预期的情况。比如：某部门突然接到任务，要求安排计划外活动；项目比预期更重要，难度也更大，实际花费的时间和资金比预算要多得多。高校应实时监督预算的执行情况，定时作出分析，找到预算差异的真正原因并实施控制。

（五）合理控制财务风险

目前，部分高校背负着沉重的贷款负担，每年须偿还的基本建设贷款本息使其财务承受很大的压力，因此高校预算控制也应该相应地体现对财务风险的控制，比如对调度资金的控制，对财务支出的控制等。在重大项目预算支出上，高校要坚持审慎原则，充分考虑项目投资回报率、筹资成本率，采用财务风险控制指标对其进行预算控制，在发展和稳定间寻求平衡，合理控制财务风险。

五、预算评价的改进建议

高校预算评价是根据预算目标进行的全面考核，是对高校预算执行情况及效果作出的全面、准确、客观、合理的描述和评价。高校预算评价既要考评高校资源总量是否符合高校整体运行的客观要求，还要考评资源的使用效益是否最大。这是发展高等教育事业和优化高等教育资源配置的要求，也是完善现行高校预算管理体制的内在要求。

（一）建立健全预算评价体系

高校要加强对预算执行情况的评价与考核，以提高预算执行效果；改进预算编制的程序和方法，激发广大教职工工作的积极性。高校预算评价必须通过一套科学、合理且行之有效的评价体系实施。建立健全科学、可行的考评机制是开展预算考评的基础。高校应按照科学、实用、重要、完整相统一的基本原则建立以绩效为核心的预算考核评价系统。构建高校预算评价指标体系，积极开展预算评价，是高校合理配置资源和提高资金运行效益的有效手段。评价系统一旦建立，应长期稳定，不能朝令夕改令员工无所适从。评价系统的长期稳定除可以使各个部门、各个员工明确考核依据，按照既定目标不断努力外，还可以保证评价结果的纵向可比，以此来全面掌控一定时期内预算的总体运行状况。

高校建立健全预算评价体系，应首先确定预算评价的领导组织机构和相应的评价监督制约机制，实现预算评价工作的制度化和规范化。预算评价体系的设计要兼顾社会效益、经济效益、项目投资评价。预算评价指标的设定应遵循短期、长期效益相结合和定量、定性相结合的原则。由于各高校的类型不同、规模不同、层次不同，其所建立的预算评价指标体系也很难完全统一，但是合理的高校预算评价体系一般应包括平衡计分卡评价体系和关键指标评价体系两部分。这两部分均采用量化标准，以绩效目标为出发点进行设置。一般来说，高校预算评价的关键指标评价体系至少应包括：财务综合实力评价指标，用来评价高校经费来源及高校规模和办学条件的指标；运行绩效评价指标，包括经费自筹率、年度收支比、校办产业资本增值率、学科建设评价指标、人才培养评价指标等；发展潜力评价指标，包括现金净额增长率、自有资金动用程度等；偿债能力评价指标，包括资产负债率、流动比率、速动比率等。

除关键指标评价体系外，构建高校预算评价体系还要制定切实可行的绩效考评工作程序和考核指标，以及按照绩效考评结果实施奖惩的制度。

（二）强化预算执行结果的分析

预算执行结果的全面分析是高校预算评价重要的基础工作。高校预算执行结果的全面分析是指对校级预算和各部门预算的执行效果、执行差异的原因分析，并提出改进措施，编制预算结果分析报告的过程。

1.要合理界定预算分析的内容

预算执行结果分析包括预算收入执行分析和预算支出执行分析两部分。高校预算收入按来源分为外部收入和自创收入两大类。外部收入包括财政拨款收入、社会捐赠收入等；自创收入包括学费收入、产学研合作收入等事业收入和经营收入。高校预算支出按资金流向分为教学业务费、教学管理费。教学业务费是与教学、科研直接相关的支出，包括教师课酬、教学设备费、资料费等；教学管理费是与教学、科研间接相关的支出，如管理部门的接待费、办公费、办公室人员支出等。

2.要选择合适的分析方法

高校要根据分析目的和内容选择适合的方法，作出公正、客观的分析。目前，高校预算执行结果分析的可选择方法有比较分析法、因素分析法、差额分析法等。随着财务分析理论和实践的不断发展，还会有更多更好的方法以备选用。

3.要坚持全面分析与重点分析相结合的原则

对预算执行结果的分析是建立在对学校经济活动的整体情况全面把握的基础上的，只有全面了解学校运行的整体情况，才能分析预算收支的执行情况，分析预算数与实际数出现差异的原因，总结预算执行中的经验和问题，提出改进意见和措施，为下一年度的预算编制打下良好基础。同时，还要杜绝没有重点的全面分析。结合高校实际对预算年度的经济活动的主要方面进行重点分析，有利于形成正确的分析结论，取得事半功倍的效果。

4.差异分析是预算执行结果分析的重点

高校预算执行结果分析的重点应放在分析差异及产生差异的原因上。预算收入执行分析的重点是发现预算年度各项实际收入与预算收入的差异，并找出导致收入增加或减少的原因，形成报表及书面报告；对预算支出执行结果的分析重点是对各项目经费的支出、结余、任务完成率等情况作分项分类详细说明，并形成报表及书面报告。

差异分析要从定量和定性两方面进行。定量方面分析收支的进度与结构、偏离预算的差异大小等；定性方面分析产生实际与预算差异的主客观原因。公正的分析结论不仅可以用来作为预算评价，也可以为未来的预算管理提供基本材料，是高校提高管理水平的重要依据。

差异分析还分为横向差异分析和纵向差异分析。横向差异分析是指学校可以选取合适指标与同类型、同规模的其他学校进行比较，也可以在学校内各院系间进行指标比较；纵向差异分析即学校自身选择以前年度同类指标进行比较。无论横向差异分析还是纵向差异分析都须考虑比较对象间的可比性，切忌盲目比较。

（三）分部门实施预算评价

在高校整体预算评价体系下，针对重要预算项目和部门的包干经费，高校应设定不同的预算评价指标和标准，分别进行预算评价，考核其经济活动的真实性、合法性、科学性、效益性，并将评价结果与各项目或部门负责人的业绩评价相结合，实施激励。各部门的预算评价指标综合来说可以从投入、产出和结果三个方面来设计。

投入指标如资金、人力、场所、设备等，用于衡量预算项目所消耗的资源，包括生均教学经费、生均教学面积、生均教学设备等指标。成本测算对采用投入指标进行预算评价的部分具有重要作用，高校需要完善相应的会计核算系统。

产出指标是预算期内完成的工作、提供服务或产品的数量，包括收入完成数、毕业生一次性人数、自筹经费完成数、接待来宾次数、档案入档册数等指标。产出指标的计算相对比较容易。

结果指标用来衡量项目或服务的结果，包括：各院系的英语四、六级通过比例以及国家资格考试通过数等指标；各科研单位的国家级课题占全部课题金额比例、国家级课题占全部课题数量比例、有国际影响文章发表数等指标；管理部门的收入预算完成比率、支出预算完成比率、解决来访问题满意率、处理问题及时率、各项检查合格率等指标；后勤部门的绿化率、食堂就餐率等指标。结果指标是预算评价指标体系中最重要的部分。

根据部门和指标特点对不同部门采用不同的预算评价指标进行考核有利于各部门的业务发展。例如：对各部门的预算评价，重点应放在节支增效上；对专项工程的预算评价，重点应放在决算（比预算）节支程度、验收工程质量是否达标上。同时各高校的情况不同，需要根据各自的具体条件安排部门预算评价。在全部高校建立统一的预算评价体系，往往达不到考核的目的，对各高校的发展也不利。

（四）根据评价结果实施激励

预算评价必须以激励机制为补充，否则将失去评价的意义。而激励也只有以预算评价为基础，才能有的放矢，高校要根据评价结果对部门和个人进行必要的物质、精神奖励或惩戒。明确的激励制度，可以让各部门和教职工在预算执行前就了解业绩与激励之间的关系，将个人、小团体与学校的整体目标紧密结合，保证预算执行的效果。如果激励机制不合理、不完善，则往往会使预算评价流于形式，评价指标将丧失约束作用，预算管理会失去应有的功效。在进行预算评价时要客观公正、结合实际，形成准确、科学的评价结果，充分调动教职工的积极性和创造性。激励要坚持责权一致的原则，坚决按照规定兑现奖惩，有奖有罚，赏罚分明，不打折扣，保证预算的严肃性和学校目标的实现，确立预算管理在高校的核心地位。设计与完善高校激励机制，并与预算评价相配合，可以更好地促进预算管理的实施，这也是学校管理中应当考虑的重要问题。

第四章　高校财务的内部控制

第一节　高校财务内部控制的
概念、原则与方法

一、高校财务内部控制的概念

从历史角度看，最初的内部控制实际上就是会计控制。20 世纪 60 年代，内部控制被分为内部会计控制与内部管理控制。内部会计控制是与保护高校财产物资的安全性、会计信息的真实性和完整性，以及财务活动的合法性有关的控制；内部管理控制是指与保证高校办学方针、决策的贯彻执行，提高办学活动的经济性、效率性、效果性，以及与办学目标的实现有关的控制。

从静态上讲，内部控制是单位为了防范和管控经济活动风险而建立的内部管理系统，该系统由内部控制环境、风险评估、控制活动、信息与沟通等要素组成，具体体现为各项内部管理制度以及落实制度的控制措施和程序。从动态上讲，内部控制是通过制定制度、实施措施和执行程序，为实现控制目标的自我约束和规范的过程。内部控制还是一个循环往复、不断优化完善的过程。

本书中所称高校财务内部控制，是指高校为了保护资产安全和有效使用，规范校内经济秩序和财经行为，确保财经法律法规及学校管理方针政策的贯彻执行，及时发现管理漏洞，有效防范舞弊和预防腐败，规避各类经济风险，保证会计信息真实完整，提高办学经费效益，提升整体管理水平，实现办学目标而制定和实施的一系列财务管理办法、执行程序和制衡措施。结合当前我国高校改革发展和运营管理的实际情况，财务内部控制侧重于内部管理控制，其含义、内容丰富，范围广泛，目的明确并具有针对性。建立和实施高校财务内部控制，对保障高校健康和持续发展、优化高校内部治理、保证高校资产安全和有效利用、有效发挥高校财务管理和监督职能等具有重大的现实意义。

二、高校财务内部控制的原则

结合新形势下高校经济活动和业务活动的特点，以及高校财务内部控制实际情况，高校建立和实施财务内部控制应当坚持以下具体原则。

（一）单位负责人负责原则

高校党政主要负责人是财务内部控制中的一个重要主体，不能也不应该独立于财务内部控制之外，应当在建立财务内部控制体系、有效运行和监督管理方面发挥领导作用，承担领导责任。

（二）合理合法性原则

财务内部控制应当符合国家有关规定和单位的实际情况并随着外部环境的变化、单位经济活动的调整和管理要求的提高，不断完善。高校建立和实施财务内部控制，必须把国家的法律法规和政策体现在财务内部控制制度中，不能违反国家的法律法规和政策规定。高校的情况千差万别，不可能存在一个完全固定的、统一的财务内部控制模式，各高校必须根据各自的实际情况，制定财务内部控制制度。

（三）全面系统性原则

财务内部控制制度应当涵盖涉及会计工作的各项经济业务及相关岗位，并针对业务处理过程中的关键控制点，落实到决策、执行、监督、反馈等各个环节。这意味着财务内部控制具有全面系统性。全面性包含两层含义：一方面是应该设置的财务内部控制都已设置，另一方面是指对经济活动的全过程进行自始至终的控制。如果财务内部控制的全面性都达不到，财务内部控制的有效性就无从谈起。财务内部控制必须渗透到高校管理的各环节，涵盖所有的部门和岗位，不能留有任何死角，完整的会计记录控制制度是整个会计控制的核心，包括可靠的凭证制度、完整的簿记制度、严格的核对制度、合理的会计政策和程序等。

在坚持全面性原则的同时还要兼顾系统性，即要运用系统论的观点与系统方法的整体性、全面性、层次性、相关性和动态平衡性等特征，设计出纵横交错的内部会计控制网络与点面结合的控制系统。

（四）内部牵制原则

财务内部控制的核心就是权责明确、相互牵制。内部牵制是指在部门与部门、工作人员与工作人员及各岗位间所建立的相互验证、相互制约的关系，属于高校财务内部控制的一个重要组成部分。主要特征是将有关责任进行分配，使单独的一个人或一个部门对任何一项或多项经济业务活动无完全的处理权，必须经过其他部门或人员的查证核对。从纵向来说，至少要经过上下两级，使下级受上级的监督，上级受下级的牵制；从横向来说，至少要经过两个互不相隶属的部门或岗位，使一个部门的工作或记录受另一部门的工作或记录的牵制，借以相互制约。

做好内部牵制，就是要求高校按照业务的性质和功能，将经济活动划分为若干个工作岗位，并根据岗位性质赋予工作职责权限，规定操作规程和处理手续，明确纪律规则和检查标准，充分做到责、权、利相结合。做好内部牵制，同时也要求高校内部各部门及人员，必须相互配合，做到既有分工又有协作，各岗位和环节协调同步，各项业务程序和办理手续紧密衔接，避免出现扯皮和脱节现象，减少内部矛盾和能耗，保证经济活动的有效性和连续性。

（五）成本效益原则

成本效益原则，是高校从事任何活动所必须遵循的一项基本原则。从财务内部控制的角度，其环节、措施等越复杂、严密，其控制的效果可能越好，但是建立、维护和修改这套财务内部控制制度的成本也会相应增大。一般而言，各种控制程序和方法的成本不应超过错误或潜在风险可能造成的损失和浪费。实行财务内部控制本身就是通过完善的内部控制，降低成本，减少人为错误，最大程度保护高校财产，提高高校办学效益。如果实行这项制度所花费的成本大于其本身所能带来的效益，意义就不大，生命力就不强，也很难为高校领导人接受。因此，在设计、建立和实施财务内部控制制度时，高校不仅要实行有选择的控制，精心选择控制点（控制点太多则不经济，太少则会失去控制制度的有效性），还要努力降低控制的各种耗费，不应过于强调其严密性和完整性，而应尽量精简机构和人员，改进控制方法，减少过繁的程序，避免重复劳动，提高效率。花费少、效率高的控制制度才是一个有效的控制系统。

在全面控制的基础上，高校财务内部控制应当关注重要的经济活动及其重大风险。贯彻成本效益原则，有利于抓住经济活动业务处理过程中的关键控制点和重要风险点，并采取切实可行的控制措施，实施有效的控制。

三、高校财务内部控制的方法

高校财务内部控制方法就是财务内部控制的机制，是指为将经济活动的风险控制在可承受的范围之内，根据财务内部控制的原理，并结合风险评估的结果，针对风险点选择的措施和程序。除预算控制外，高校财务内部控制主要运用以下方法：不相容岗位相互分离、内部授权审批控制、业务归口管理、财产保护控制、会计系统控制、财务单据控制、信息内部公开等。

（一）不相容岗位相互分离

不相容岗位相互分离要求合理设置财务内部控制关键岗位，明确划分职责权限，实施相应的分离措施，形成相互制约、相互监督的工作机制。岗位是组织要求个体完成的一项或多项责任以及为此赋予个体的权力的总和。岗位与人对应，通常只能由一个人担任。所谓不相容岗位，是指从相互牵制的角度出发，不能由一个人兼任的岗位。如果不相容岗位由一个人兼任，就缺少了制约、监督，很可能发生错误或舞弊行为，而且不容易被发现。不相容岗位相互分离的机制设计的原理在于，两个或两个以上的人员无意识地犯同样错误的可能性很小，有意识地合伙舞弊的可能性也低于一人舞弊的可能性。所以，这种机制有利于事前防范和事中管控，在防范舞弊和预防腐败等方面能够发挥重要作用。高校的各项经济活动通常可以划分为事项申请、内部审核审批、业务执行、信息记录以及内部监督等岗位。不相容岗位相互分离，意味着提出事项申请的岗位应当与对事项进行审核审批的岗位分离，内部审核审批的岗位与具体执行业务的岗位分离，业务执行的岗位与信息记录的岗位分离，业务审批岗位和执行岗位需要与内部监督的岗位分离。高校应当根据各项经济活动的流程和特点，合理设置财务内部控制关键岗位，明确划分职责权限，对确需分离的不相容岗位实施相应的分离措施，形成相互制约、相互监督的工作机制。

（二）内部授权审批控制

内部授权审批控制是高校根据常规授权和特别授权的规定，明确内部各部门、下属单位、各岗位日常管理和业务办理的所授予权限范围、审批程序和相关责任。

内部授权审批控制要求明确各岗位办理业务和事项的权限范围、审批程序和相关责任，建立重大事项集体决策和会签制度。相关工作人员应当在授权范围内行使职权、办理业务。

内部授权审批控制关系到高校教育资源配置和资产使用效益，是高校财务内部控制的重要方法。完善的内部授权审批制度有助于明确权力和责任，层层落实责任，层层把关，最大限度地规避经济风险。内部授权审批控制强调的是明确单位内部经济活动各岗位办理业务和事项的权限范围、审批程序和相关责任，目的在于确保相关工作人员按照职责权限开展工作，确保审批人按照授权范围和审批程序进行业务审批，从而防止相关工作人员未经授权就行使相应的权力或开展相应的经济活动，防止审批人超越范围审批业务。

高校的任何授权都应当以法律法规为依据，并予以书面化，通知到经济活动业务流程中的相关工作人员。授权一经确定，相关工作人员应当在授权范围内行使职权、办理业务，对于审批人超越授权范围的审批业务，经办人员有权拒绝办理，并向上级授权部门报告。对与高校经济活动相关的重大决策、重大事项、重要人事任免及大额资金支付业务，即"三重一大"业务，还应当建立起集体决策和会签制度，合理保证决策的科学性，并确保任何人不得单独进行决策或者擅自改变集体决策意见。

（三）业务归口管理

业务归口管理指高校按照管控事项的性质与管理要求，结合单位职责、组织机构和岗位设置，在不相容岗位相互分离和内部授权审批控制的前提下，明确单位内部各个业务的归口管理责任单位的控制方法。

业务归口管理要求高校根据学校实际情况，按照权责对等的原则，采取成立联合工作小组并确定牵头部门或牵头人员等方式，对有关经济活动实行统一管理。业务归口管理是建立在权责对等基础上的统一管理。高校的有些经济活动分散在各个业务或职能部门具体开展，如果没有统一的管理和监控，就容易导致经济资源流失的风险和财务信息失真的风险。也有一些经济活动涉及内部部门较多，需要各部门协同完成，如果不成立联合工作小组并确定牵头部门或牵头人员，明确权力和相应的责任，那么一旦发生问题，各部门就可能相互推诿，影响经济活动的顺利开展。还有一些经济活动专业性很强，如签订经济合同需要法律专家提供专业性意见，缺乏统一管理和专业支持将可能导致经济损失。

所以，对于具有上述特点的经济活动，高校应当根据自身实际情况，特别是经济活动的特点与本单位的职能、组织机构和岗位设置情况，建立起联合工作机制，以成立联合工作小组并确定牵头部门或牵头人员等方式，按照权责对等的原则实行统一管理。例如，有些高校成立预算管理委员会，并由财务部门牵头组织预算相关工作。又如，有些高校直接指定法律部门或办公室作为合同归口管理部门，负责参与重大合同的签订和相关活动，统一管理合同专用章和授权委托书，并对合同履行实施有效控制。

（四）财产保护控制

保护资产安全和使用有效是高校财务内部控制的基本目标之一。财产保护控制是实现这一目标的有效控制方法，要求高校建立资产日常管理制度和定期清查制度，采取资产记录、实物保管、定期盘点、账实核对等措施，确保资产安全完整。

资产日常管理制度包括资产记录、实物保管和处置报批等。其中，资产记录控制要求高校建立资产档案，对各类资产的信息进行登记、分类、汇总，为资产管理提供信息支持，并且妥善保管涉及资产的各种文件资料，避免记录受损、被盗、被毁。实物保管控制要求高校明确和落实资产保管和使用的责任，并对特定资产规定严格的接触限制条件，高校还可以根据实际情况对重要或特殊的资产进行投保，在意外发生时减轻损失程度。处置报批控制要求高校根据国家有关资产管理的规定对资产的调剂、租借、处置等，明确报批程序、审批权限和相关责任，防止出现未经审批处置资产的情形。

资产的定期清查机制包括定期盘点、账实核对，定期核实各类资产的实际数量，将盘点结果与资产台账和会计账簿进行对比，若发现不符的，则要及时查明原因，并按照国家相关规定进行处理。

（五）会计系统控制

财务信息真实完整是高校财务内部控制的基本目标之一，会计系统控制是实现这一目标的有效方法。高校会计需要同时满足预算管理和财务管理的要求，会计系统控制也在预算管理和财务管理中发挥着重要作用。

高校加强会计系统控制主要从以下五个方面入手：

第一，建立健全学校财会管理制度。

第二，加强会计机构建设和财会队伍建设，配备具有相应资格和能力的会计人员。

第三，合理设置会计岗位，确保各岗位权责明确，强化财会人员岗位责任制。

第四，着力提高财会人员综合素质和业务水平，确保财会人员正确行使责权。

第五，规范会计基础工作，加强会计电算化和会计档案管理，明确会计业务程序，依法依规开展会计工作。

（六）财务单据控制

财务单据控制是明确经济行为的单位外部来源的报销凭证和单位内部表单的控制方法。财务单据控制按照种类或来源，可以分为表单控制和票据控制。表单通常是指发生经济行为所涉及的内部凭证。票据通常是指发生经济行为在报销环节使用的外部凭证，证实经济事项的真实性及其具体金额。

表单和票据是高校发生经济行为的"留印"，能够反映单位经济活动是否合法、合理、真实。财务单据控制要求高校根据国家有关规定和经济活动业务流程，在内部管理制度中明确界定各项经济活动所涉及的表单和票据，要求相关工作人员按照规定填制、审核、归档、保管单据。

（七）信息内部公开

信息公开控制是指高校在办学过程中将制作或者获取的，以一定形式记录、保存的信息进行公开，让相关部门和公众知情的控制方法。"阳光是最好的防腐剂"，公开透明是监督的最好方式。高校应当建立健全经济活动相关信息内部公开制度，根据国家有关规定、上级单位要求以及单位的实际情况，确定信息公开的内容、范围、方式和程序。

第二节　高校财务内部控制的过程

无论什么样的控制都是一种过程，高校财务内部控制也不例外，它包括了建立、执行与监督三个过程。

一、高校财务内部控制的建立

内部控制的建立，主要是指对内部控制制度的设计。内部控制制度是内部控制的存在形态，是内部控制理论、原则、方法、内容的反映，实行与评价内部控制的基础与依据，即如果没有完善、科学的内部控制制度，就谈不上有内部控制的存在。因此，设计内部控制制度是实施内部控制的基础工作，制度设计的好坏直接影响到内部控制的好坏。高校财务内部控制的建立主要包括明确划分职责、设立标准、建立适当的会计制度和人事管理制度等。

（一）明确划分职责

内部控制的一个基本原则是实行内部牵制，而内部牵制又必须建立在职责划分的基础上。因此，要建立内部控制，首先要有一个合理的组织系统，明确划分每一个部门的职责，详细规定每一名工作人员的责任。职责划分的作用表现在以下两个方面：一方面，每项工作由一个人处理时，应由另一人核对，可以避免错误；另一方面，每项工作的完成，需经多人之手，可以减少违法作弊的企图及可能性。

上述两个方面的作用，可达成内部控制的两项目标——保障财产安全，验证会计资料的正确性与可信度。职责划分后，各工作人员负责各自的工作，无法推卸责任。具体来说，明确职责划分必须做好以下各项工作。

1.绘制组织系统图

组织系统图可显示每一职位在高校中的地位，以及其上下隶属与纵横关系。从组织系统图可知道某一工作人员应对谁负责、哪些人在他指挥和监督下，以及部门与部门间、个人与个人间的关联如何。这是一种以图表说明职责划分的方法，每一所高校都应有组织系统图，以表明其职责划分情形。

高校组织系统应力求精简，除明确划分各部门及个人职责外，还要能指挥灵活，联系密切，提高工作效率，充分发挥组织功能。

2.编制职责划分表

高校中有许多业务，也有许多部门，各部门职责应明确划分，使每一项业务，都有负责部门办理，不重复，也无遗漏。若一项业务需两个以上部门共同完成时，那么各部门的责任范围也须明确规定。由此可见，编制职责划分表是实行职责划分的具体方法。

3.制定工作说明书

工作说明书应详细明确地规定每个职位应做的工作内容、应负的责任和应有的权利等，使相应的工作人员无法推卸责任，并谨记自己应该做的工作，避免越权决定和指挥。

4.制定授权规定

某些事项须采用授权办理时，对授权的范围及内容应明确规定，以便相应的工作人员遵守。

（二）设立标准

高校中的各种业务活动有了工作标准后，每个工作人员在从事业务活动时，就有努力的目标。根据这些标准进行绩效考核，决定奖惩，有助于激励工作人员努力工作，提高工作效率。

具体来说，设定标准有以下要求。

1.标准要合理化

合理的工作标准，要考虑工作人员生理上的限制与使用物的物理性限制，也就是在连续工作过程中工作人员应有适当的休息时间，使用物可以有合理的损耗率。

2.标准必须明确

标准最好以数字表示，使每一名工作人员都能充分了解。预算是最常被应用的方法，高校的各项业务计划如用数字表示，便成为营业预算。预算的数字并不单指金额、长度、重量、面积、容量等都可作为预算数字。预算是完成工作和目标的方案，工作人员按预算切实执行，便可以达成目标。各项标准均以数字明确表示，具有激励职工、提高工作效率、完成既定政策的作用。

3.标准必须具有激励作用

如果标准定得太高，就会导致工作人员即使努力工作也无法达到，降低他们的工作积极性；如果标准定得过低，就会导致工作人员可以轻易完成，失去标准应有的激励作用。良好的标准是需要工作人员在适当的努力之后才能达到的，这样的标准才具有激励作用。

4.标准必须公正

标准必须被全体工作人员共同承认，是公平合理的，使每一个工作人员都愿意接受，并将其作为自己努力的目标及评量本身工作绩效的根据。如果高校内部各种财务管理活动都设立合理、明确、具有激励作用且公正的标准，则每一个工作人员必然都会按照标准努力工作，工作效率自然会提高，高校既定的目标也可顺利达成。

（三）建立适当的会计制度和人事管理制度

1.健全会计制度

要想通过分工实现内部控制，会计制度本身必须能够衡量各高校的经营绩效。具有此种效能的会计制度应包括以下几方面内容：

（1）适当的文件

要想详细记录各部门的活动，就必须有一套格式设计良好的文件。例如，在采购时，高校会计部门常从教务员所编采购发票或销货单中获得资料，没有这种文件，对业务部门的活动，根本就无法记录或进行控制。

（2）会计科目表

会计科目表是将拟使用的会计科目分项，并将每一科目的用途和内容加以说明的一份明细表，有些高校采用一套会计科目表及一份科目内容说明，前者限于总账科目的分项，后者则说明交易应记载的借方及贷方科目。

至于究竟需要多少科目，则视高校利用这些科目在保管资产、收益及费用所赋予责任的详简而定。科目的分类常依据列举在财务报表上的项目而定，因此最好将会计视为内部控制的一个工具，每个科目的记录代表各监督者及职工的责任。

（3）会计政策及程序手册

每一组织，不论规模大小，均有一套将交易加以研究、分析、记录和汇总的方法，这些程序必须以书面规定，以方便修改。如会计处理程序应以书面形式明白规定。

（4）财务预测

财务预测是根据财务活动的历史资料，在考虑现实的要求和条件的基础上，对未来的财务活动和财务成果做出科学的预计和测算。高校的财务预测是针对将来某一（或多个）时期的财务状况、经营成果及现金流量变动的一种估计。财务预测常与标准成本制度密不可分，因二者均涉及预定标准的设定，以及标准与实际营运数字间差异的分析。多数采用标准成本的地方高校，固然有财务及营业预测制度，但采用预测制度的高校并不限于采用标准成本的高校。最简单及最常用的预测为现金预测，其主要目的是确保随时有现金清偿到期债务。此外，将所有现金收入来源列入预测计划表中，更易查出收现中的舞弊行为。同样，现金支出的详细规划，也有利于揪出利用支出的舞弊者。

财务预测必须编制未来一定预算期内的预估财务报表，附上诸如按地区、部门或分支机构的详细分析。此外，还须编制每月收益表，将实际数与预测数相比较。凡预测数与实际数有重大差异处，必须附详细说明，并确定责任归属。

简而言之，财务预测乃一种控制方式，涉及各高校绩效标准的明确设定。不能达到这些标准时，可通过差异分析报告，迅速引起有关管理阶层的注意。

（5）成本会计制度

成本会计制度是对进行成本会计工作所作的规定。它的内涵与外延随着经济环境的变化不断发展变化。商品经济条件下，现代企业的成本会计制度内容包括成本预测、决策、规划、控制、计算、分析和考核等所做出的有关规定，指导着成本会计工作的全过程，这也称作广义的成本会计制度。具体的成本会计制度有：关于成本预测、决策制度，关于计划（或标准成本）成本编制的制度，关于成本核算制度；关于成本控制制度，关于成本分析、考核制度，等等。成本会计制度至少有两项基本目的：提供管理部门业务决策、规划等所需的资料；汇集历史资料，明确资产负债表及收益表中的存货及销货成本数字。

成本会计的资料可使最高管理层对教学设备价格、实验室扩充、工资率及相关问题等做出决策。成本会计人员的报告也包括向院务会提出详细经营绩效报告，教学管理者可据以查出部门浪费、效率等情况。

2.建立人事管理制度

高校成败的关键是人，主要指高校教职工。因此，建立人事管理制度是很有必要的。

建立人事管理制度时，要注意的事项有许多，笔者总结如下：

（1）面谈

在选用人员时，先与应征者谈话，可了解其态度、个性、反应及表达能力，以及有无完成工作的热忱与才干等。

（2）调查

调查指考察了解应征者过去的背景，包括家庭状况、教育程度、工作经历等。通过调查，可明白应征者以往有无不法行为和犯罪记录，以及工作态度、工作成绩等情形。总而言之，对应征者背景进行调查和了解，是很有必要的。

（3）训练

训练一般包括职前训练与在职训练。职前训练是在新进人员报到后，人事部门对其进行的训练，目的在于使其明白高校经营目标、政策及一般业务情形；同时，使其明白本身担任的工作内容、工作程序、责任范围等。这些内容要在职前训练时说清楚，以使新进人员接任工作并顺利完成指定的工作任务。

在职训练，亦称"职内训练"，是指本组织或本系统为在职职工举办的培训，旨在帮助职工学习和掌握工作所需的知识和技能。训练期内多带职带薪，一般是短期的。人事若发现某一工作人员能力强、肯努力、值得培养时，应对其进行进一步培训，如保送大学研究所进修或送国外研究深造等，使其能负担更重要的工作及责任。

（4）考核

对工作人员的实际工作情形，人事部门应有正确的记录和考核办法。对于工作努力、成绩优良的人，人事部门应给予奖励；对于工作不力、惹是生非、毫无贡献的人，人事部门须加以处罚或免职。

（5）工作轮换

工作轮换可以增加工作人员适应各种不同类型工作的能力和经验，也是培养人才的一种办法。

（6）休假

适当的休假，可以缓解工作人员的压力，提高其工作效率，也有益于工作的改进。

高校应建立的内部控制制度的内容很多，由于经济环境经常变动，生产技术和方法不断进步，管理观念和方法也因时而不同，所以任何管理制度及方法，也无法永远适合管理上的需要，因此有必要定期调整各种管理制度、方法等，以使它们适合内部控制的需要，并能充分发挥作用。

二、现代地方高校内部控制的执行与监督

在经营管理过程中,贯彻与执行已制定的各项制度,按照制度的规定计划、组织与调节经济活动,才能达到有效控制的目的。制度贯彻执行的主体,不仅是高校最高管理者和各职能部门,还包括高校各个层次的管理人员与全体职工。内部控制的主体与客体存在同一性,这加大了贯彻与执行内部控制制度的难度,因此要特别注意以下几个问题:

第一,要广泛、深入、持久地宣传内部控制制度对高校管理与个人切身利益的影响,使全体管理人员与职工理解贯彻执行制度的意义,清楚最高管理者的决心、意向与要求,明确本职工作的地位与影响力。

第二,制定贯彻执行的具体措施,除宣传教育工作外,还要进行短期培训和模拟实验,使每个岗位的工作人员了解制度和规定,提高他们的自我监督与对他人监督的意识,以确保制度的执行。

第三,高校各层管理人员,特别是最高层的管理者要自觉遵守与自己有关的各项控制制度,要自觉接受违反制度后的应有惩罚,任何辩解、推脱都会破坏制度的严肃性和权威性。

第四,注意制度执行中的检查工作,一旦发现违反制度的行为,应按规定进行严肃处理,决不能姑息迁就,决不拖延;执行中如发现不协调的环节,应及时调节,保证执行过程畅通无阻。

第三节 高校内部财务绩效管理控制

一、整体计划控制

人们认为一个高校的管理,特别是地方高校的管理包括许多过程,如确定高校的目标;根据目标确定行动方案;根据方案要求进行组织和领导业务活动;调节与控制活动,并检查高校的教学管理活动;等等。在这些过程中,首要的是对高校的教学与管理要有

一个整体、可行的构想，即要确定目标，制定策略、政策和计划，拟定决策。这个过程一般称为整体规划阶段，即计划阶段。因此，广义的计划定义是从各个方案中选取的最适合未来的行动方针，它不仅是基本的管理职能，而且是实施其他管理功能的基础，任何高校的决策者都必须根据计划组织活动。之所以把计划也列为控制活动，不仅仅是因为计划本身就是一种控制方式，如预算控制；还因为计划与控制关系密切，以至于无法加以明确分离，无论是从管理理论上，还是从管理实务上，都很难加以区分，如对教学活动的整体管理，有的高校称之为"教学规划"，有的则称之为"教学控制"，规划和控制是建立整体管理方式的基础。有人认为计划仅仅包括制定管理计划（短期计划）和行政管理准则（长期有效计划）；还有人认为计划工作内容包括选择高校及部门的目标，以及决定实现这些目标的方法，当然包括制定战略、政策、具体计划以及拟定决策等。整体计划控制是实行目标控制的一种合理的方法。这种方法不可能离开具体的计划与决策，同时还要考虑未来教学环境的变化，它应该是一个开放、系统的管理工作方法。

（一）计划控制的方法

为了使高校能够取得良好的工作成效，最重要的任务就是明确总目标和一定时期的目标，使每个人明确组织期望他们去实现的目标及其实现目标的方法，这就是人们常说的计划职能。无论是高校整体，还是高校所属的各个部门在未来行动方针方面都有许多可供选择的方案，计划工作就是从中选取最适宜的方案，为高校及其部门选定目标，并确定实现目标的方法。因此说，计划工作的实质是选择，只有在出现需要选择的行动方针时，才会产生计划问题。计划也就是要做出决策。计划就是预先决定要去做什么，如何做、何时做和由谁做。计划可以使那些本来不一定发生的事情变成有可能发生。虽然准确计划未来是不太可能的事，因为人们无法控制不可控因素的干扰，但如果不去做计划，许多事情只能听之任之，管理工作就会变得毫无头绪、一团乱麻。任何高校都会受到经济、社会和政治等方面因素的影响或冲击。社会变革和经济发展虽然给地方高校带来了机会，但也带来了风险。计划和其他管理职能一样，已成为地方高校的重要职能。计划工作，可以使高校把注意力集中在目标上，并致力于实现目标；计划工作，具有预先性，可以用最小的代价解决问题；计划工作，还具有领先性，为其他管理行为提供了基础，指明了出发点；计划工作，能更好协调高校所有人员的活动；计划工作，有利于高校提高工作效率。要想使计划工作能充分发挥其功能，根据现代计划发展新趋势，计划控制设计应遵循以下原则：

1.选择正确的设计程序

计划设计程序由两种不同的思想来决定，一是保守的导向，二是前进的导向。以教学部门的活动作为整个地方高校活动的指导中心，即为保守的导向。这种思想适用于竞争不剧烈或根本无竞争的教学环境，可以把全部精神和时间集中在教学、科研上。

2.重视中、长期计划编制

传统的计划，以一年为一期的年度计划为主要内容，不注意建立目标和进行长远规划，往往导致部分高校只了解近期行为，而不了解未来发展。计划既然包括任何一种未来的行动方针，应该拉长计划时间，否则难以进行发展控制和目标控制。

目标性计划分为永久计划和长期计划两种。高校某种目标具有永远的指导作用，没有确定的止境及数量标准可供衡量，如高校的创建目标、基本的使命等即为永久计划。高校设立的未来 8~12 年（甚至 20 年）的全面努力目标，即为长期计划。这类目标计划也只规定粗略的大目标数字，而无具体的实施手段和措施。

高校设立的未来 4~8 年内各部门努力发展的目标及战略，叫作中期计划。中期计划主要用以执行长期计划，有助于长期目标的贯彻与逐步实现，所以也叫发展计划。

高校设立的一年内应完成的目标，即为短期计划或年度计划。它主要用以实施中期计划的目标及战略。短期计划除年度计划外，还应包括高校各部门制订的半年计划、季度计划、月份计划及每周进度安排等。此种详细计划不只含有金额收支数字，最重要的是应该有工作目标、方法、进度、负责人及经费预算等实质内容。

从本质上讲，任何计划过程的结果，都在于建立某种形式的目标。高校各层次主管参与计划过程，既制订短期计划，又制订长期计划与中期计划，其目的是形成一套上下、远近相互关联的目标体系。长期计划表明高校的奋斗目标，也制约着高校奋斗目标，中、短期计划是长期计划的分解与落实。高校上层主管的目标和手段，制约着中层、下层的目标和手段，中、下层的目标总是上一层次的手段之一，这样层层相连，就形成了完整的目标手段链，否则就谈不上目标控制。良好的目标体系，应具体规定项目名称、数量水平、绩效衡量标准和完成时限等。

3.建立整体的计划预算制度

只有充分认识计划的多样性，才能编制出有效的计划，才能建立"策划、规划、预算"制度，以贯彻整体性、系统性目标管理精神。整体计划预算制度主要包括以下五个内容：

（1）策划

主要指对目标、方针、政策等的策划。

（2）规划

确定贯彻目标、方针、政策的执行方案。

（3）预算

在策划、规划基础上进行详细的经费预算。

（4）注意授权管理的加强

计划要有利于最高主管把握决策权，经由"责任中心"体制，分别授予各级主管，使其可能有效地发挥策划、执行、控制的机能。如要把用人、用钱、工作等权力，分别授给利润中心、成本中心与工作中心等，以利于进行利润控制、成本控制、工作量与进度控制。凡达不到目标者，应追究其责任。

（5）注重信息系统的建立

决策的制定，有赖于充分、正确与及时的信息。因此，进行计划工作，必须注重相应的信息系统的建立与管理。建立相应的信息系统，有利于高校获取外部与内部的各种信息。高校需要从外部获得政治、法律、经济、技术、金融机构及投资者等方面的信息，也需要从高校内部获得教学、人事、财务、研究发展等方面的信息。

（二）计划控制的设计内容

1.目标

目的或目标不同于希望，它们产生于严密的思维，并使人员和组织为了实现它们而努力。目标能起到激励作用，有利于提高个人的工作积极性，提高经济效益和社会效益。任何管理者最基本的责任应该是保证组织有一个把个人、部门和高校目标结合在一起的目标网，这个目标网应既有总目标又有具体目标。

任何高校都有一个社会赋予它们的基本职能和任务，这就是设立高校总目标与使命的依据。为了系统地阐述高校一定时期应达到的目标，就必须明确高校的总目标或使命。然而，不少高校并不清楚自己的使命。要确定一个高校的总目标或使命，应确定高校的服务对象，了解服务对象的期望和要求。如地方高校的一般使命或总目标是服务区域经济社会发展、为地方培养高素质人才，要实现这种目标，必须通过从事各种活动、逐步明确方法，并制定具体目标、完成具体任务。

　　一定时期的目标或各项具体目标是高校教学活动所要实现的结果,它们不仅是计划工作的终点，也是各项组织工作、人员配备、领导工作和控制活动所要达到的结果。高校一定时期的目标构成了高校的基本计划。一定时期的目标或各项具体目标一定要根据高校的总目标、教学状况和教学环境等因素来确定，而不只是表现为某个具体的质量目标、数量目标。

　　目标具有等级层次性，由总目标或使命、一定时期的全部目标、专业性的全部目标、部门目标及个人目标等组成；目标具有网络性，一个高校的所有目标是相互联系的；目标还具有多样性，无论哪一层次的目标都是多种多样的。

　　设计目标有两种方法：一是传统方法，二是目标管理法。传统方法是由上级决定目标，并把它强加给下属。这种方法可能会引起下属的不满，也难以充分发挥下属的才智，存在着严重的弊端。目标管理法，是让下级在上级确定的范围内建立目标，如上级提供范围，下级就目标提出建议，上下级取得一致意见后，制定目标，下属对自己的工作进行计划和控制。目标管理过程包括确定最高主管部门的目标、明确组织机构的目标、确定下属人员的目标等。目标管理法有利于管理工作水平的提高，有利于明确组织机构的作用与状况，能使计划工作更加有效。目标管理的评价方法、激励方法、系统方法及长远看问题的方法，在管理中得到广泛应用。但是目标管理法也存在着原理不清、指导方针不明、难以确定、趋向短期、不灵活、未形成网络、过分强调数量指标、标准不适当等缺点。

2.策略、政策和计划

（1）策略

　　"策略"在《现代汉语词典》中的解释是"①根据形势发展而制定的行动方针和斗争方式。②讲究斗争艺术；注意方式方法"。军事上的战略，是指计划军事行动和战场的部署等。地方高校管理上的策略是把高校置于有利的环境之中，做出最基本的和具有深远意义的计划。策略既包括目标、政策，也包括教学计划。策略的总目标就是通过一系列的主要目标和政策来决定和说明所设想的高校状况。策略指明了一个统一的方向、重点的部署和资源安排，但不确切说明如何实现目标，主要是针对高校的经营思想和行动而言的。策略具有的控制作用不仅在于它能够根据高校的具体情况采取解除外部威胁与抓住机会的对策；还在于它是最高管理部门的职责，是一种对各级都有制约作用的精神；同时还在于它是一种长期观点，而不是短期行为。

（2）政策

政策也是一种计划，主要表现在计划中的文字说明，以此沟通或指导决策工作中的思想和行动。所以有人说政策是决策的指导方针，一种政策反映一种目标并指导管理者和职工通过思考与判断接近目标。政策的范围包括制定政策、保证政策和目标的一致性、促成目标实现。政策有助于将一些问题处理方式先确定下来，使不同的人面对同样的问题选择相同的处理方法，并给其他计划提供一个全局性的概貌，从而有利于管理者控制全局。政策的规定有利于缩小决策的范围。政策层次也应与机构设置层次相适应，如有高校政策、部门政策等。此外，政策往往和某一机构职能有关，如财务政策就与财务职能相关。

一个高校有多种多样的政策，如招工政策、提拔政策、奖励政策、职称政策等。政策一般可分为明确的政策和含蓄的政策两类：以书面或口头的形式进行规定，即为明确的政策，它是决策者选择方案的依据；如把政策寓于既定模式的决策之中，并不写出或说出，即为含蓄的政策。有些人往往把政策理解为规划，这是错误的。因为任何政策都是鼓励自由处置问题和进取精神的一种手段，它虽然有一定的限度，但也有一定弹性，它只是决策时考虑问题的指南，而不是规则。此外，政策既然是为了促使目标的实现，就应当具有一贯性和完整性。这就需要尽量使高校各项政策有明文规定，并尽量做出统一解释以利于控制政策。

（3）计划

制订执行计划包括做出具体的安排以及完成由策略计划确定的目标和政策。执行计划确定了为实现目标的方法、财力和时间。执行计划是策略计划的产物，是一种为了在一定时间内达到某些特定目标，在考虑有关的环境之后所采取的手段。执行计划应详细反映出计划内容，计划何时、何地执行，如何执行和何人执行等。综合性计划也叫规划，即包括为实施既定方针所必需的目标、政策、程序、规划、任务委派、所采取的步骤、使用的资源以及其他要素等。执行计划包括程序、规则、预算等。

①程序。正如政策是思考和决策的指南一样，程序是行动的指导。它规定了如何处理未来活动的方法，详细地说明了完成某种活动应当采取的准确方式。程序在高校里无处不在，而且多种多样，越到基层，程序点就越细，数量也就越多。程序和计划一样具有层次性，如果政策只是指导决策的方针，那么程序就是一种决策的结果或实现目标的方法。如高校政策规定职工可以享受休假待遇，那么程序就要规定如何具体执行这种政策，如确定采取轮休方式，以免影响生产；规定假期内工资支付办法及差旅费报销范围；

规定申请休假方法及应办理的手续；规定销假与报销的办法等。程序虽然不能保证达到令人完全满意的效果，但有助于特别业务的处理，有助于节约时间和精力，促使业务处理的规范化和制度化。

②规则。规则也是一种计划，它是一种最简单的计划。规则是从方案中选取的一种行动或一种处理问题的方法。规则要求按一定的情况采取或不采取某种特定的行动，它不同于政策，虽然规则也起指导作用，但人们运用规则时，没有自由处理权。规则与指导行动的程序有关，但它不说明时间顺序。笔者认为，可以把程序看成一系列行为规则，但规则不一定都是程序的组成部分，因为有些规则可以单独出现或不连贯出现，如"禁止随地吐痰"或"禁止在教室内吸烟"等都与任何程序无关。

③预算。预算是决定某一预计时期内（一般为一年之内）收入量和支出量的计划。预算，作为一种计划，以数字表示预期结果。预算，有反映收支的财务预算；有涉及经营方面的，如费用预算等；有反映资本支出情况的，如基本建设费用预算；有说明现金情况的，如现金预算。预算是基本的计划工作手段，也是一种控制方法，它反映了计划的要求，可以作为控制的切实标准。

预算计划工作就其精确性、详细程度和拟定的方法而言，有相当大的不同。某些支出或成本对整个时期来说都是固定的，而不受销售或生产的计划和实际完成情况的影响。这种反映固定成本的预算称为固定预算，如折旧、维修、资产税、保险费和其他基本管理费用预算等。有些成本随实际的销售额或产量而变，如某些地方高校管理费和教学经费等。还有一种新的预算方法，即把可变预算和方案预算结合起来的方法，也称零基预算。零基预算是不考虑过去的预算项目和收支水平，以零为基点编制的预算，具体指不受以往预算安排情况的影响，一切从实际需要出发，逐项审议预算年度内各项费用的内容及其开支标准，结合财力状况，在综合平衡的基础上编制预算的一种科学的现代预算编制方法。借助零基预算，可以使计划工作做得更完善，而又不依赖过去的计划。事实上，预算工作的主要优点就是促进人们去做计划。

计划除了上述内容外，还有时间安排计划，即就一项确定完成特定活动的时间期限进行计划。无论是简单的还是复杂的，时间安排均是一种关键性的计划工具。

3.决策

决策渗入全部管理机能和过程，它是从体现某种工作方针的各个方案中进行选择，是计划工作的核心部分。只有拟定了决策，才能说有了计划，决策是管理者的中心任务，决策实际上就是解决问题。

进行决策，首要的是提出问题与确定诊断问题，为了更好地把握现实，一般应进行系统思维来确定问题。在假设条件与获得事实阶段，理应获得全部事实，更主要的是要获得有选择的关键事实，这样的事实事关问题的关键，也就是能够决定成败的问题。当人们充分了解事实以后，头脑中就已经形成了一种或几种解决问题的方案，事实掌握得越多，解决方案的数目也就越多，但人们必须通过研究和判断，借以发现各方案的限制因素或战略因素，以利于进一步评价方案。选出一些决策方案后，就应对其进行评价，然后再从中选出一个（有时是多个）最有利于达成目标的方案，这是决策的最后一步，也是关键的一步。评价工作既要考虑定量因素，如各种固定费用、流动费用等，还要考虑定性因素，即那些无形的、无法定量的因素，如劳资关系的特点、技术变革的风险等。在比较方案时，要重视数量和质量因素。评价方案时，要进行边际分析、费用效果分析，要反复权衡：每一种方案对实现目标有多少贡献，是否符合高校既定的决策；每一种方案实施起来花费大不大，费用和收益的结果如何；怎样才能贯彻得更好等。选取方案时，应从三方面充分考虑：一是经验。要认真地总结过去的经验，正确地对待经验，把经验作为分析问题的基础，而不能仅凭个人经验作为未来行动的指导。二是实验，对准备选取的方案要进行实验，并仔细观察它们的结果，然后加以确定。三是研究和分析。首先应了解问题本身，对影响每个方案实施的关键变量、限定因素、前提条件及相互之间的关系进行研究；其次要把每个方案分解成有待研究的组成部分和各种定量与不可定量的影响因素；最后加以详细推敲，如使用持平法、报酬矩阵、决策树、存货决策分析、线性规划、排队理论等定量分析。研究和分析方法的一个主要特点是拟出一个模拟问题的模式，以便在执行中对照检查。

二、组织人事控制

管理学中的组织是指由若干个人或群体所组成的、有共同目标和一定边界的社会实体。"组织"一词，如以人为对象，则是把许多人集合起来，发挥团队精神，以达成共同的目标。有学者认为，组织包括所有参加者的一切行为。对于大多数从事组织工作的人来说，组织是指有意识形成的职务结构或岗位结构。高校规模扩大后，工作任务增多，有必要把主要的任务划分为部门的责任，并使这些部门工作协调一致，共同努力实现高校目标。

两个或两个以上的人为了一个既定的目的,有意识地进行协作活动,即为正式组织。正式组织应遵循目标一致的原则与效率性原则。与正式组织相对,非正式组织是指以情感、兴趣、爱好和需要为基础,以满足个体的不同需要为纽带,没有正式文件规定的、自发形成的一种开放式的社会组织。部门是指一个主管人员有权指挥既定活动的特定领域或分支机构。在地方高校,部门还表明了管理上的等级层次关系,如处长领导处、科长领导科。目前各高校组织形态,由上至下,外观上形成上小下大的金字塔形状。一个高校的组织工作,有利于明确责任和权力,主要通过规定什么部门做什么工作以及谁对谁负责,能够按工作责任把人们分成群体,能够根据各种信息反馈资料拟定决策与改善决策,能够明确区分各种活动的地位,规定其应执行的部门。组织工作的上述功能,具有潜在性,必须进行正确的设计才能发挥其作用。同时组织工作不是一劳永逸的事,它具有连续性或周期性,必须要不断适应变化的形态。进行组织工作设计,必须要考虑战略、技术与环境等影响因素。组织结构必须要反映目标、战略,因为任何高校的业务活动,均是从目标、战略计划推导出来的,形式必须服从职能,结构理应服从战略。组织结构必须适应高校任务与技术的需要,如对于简单生产系统,可采取扁平的组织结构,对于生产程序技术复杂的高校,可采用多层次组织结构。组织结构还应该反映周围环境的需要,如果环境稳定又可预测,可进行永久性程序设计,如果环境不稳定,则可进行临时程序设计。此外,组织结构,还要考虑高校主管人员的职权范围及人员调配等问题。总之,组织是伴随计划而存在的。组织设计的成果就是组织机构或组织形态,不同的设计原则会出现不同的组织结构,不同的组织机构具有不同的影响与作用。组织设计要根据实际需要,要满足清晰的职位层次、畅通的信息渠道、有效的协调合作等的要求,否则无法发挥物力、人力、财力、时间、技术、信息等宝贵资源的统合力量。有些高校领导不重视组织设计工作,无所谓组织系统,随心所欲,既浪费资源又无效力。组织设计的方法很多,现代高校管理组织一般按照目标导向设计。组织设计的基本目的是执行计划、实现目标,其设计前提应从事着手,依事寻人而绝不能因人设事。组织设计的具体步骤如下:

第一,确定高校目标,并进行目标分解,拟定政策和计划。

第二,将达成工作目标的各种要素构成有效的操作活动。

第三,将各种适当的操作活动构成合理的职务,并根据可利用资源和最佳途径来划分职务或业务活动。

第四,将各种职务分解成由各人所承担的职位,并将各种职务组成部门。

第五，将部门按一定层次进行排列，构成完整的组织结构或系统。

第六，通过职权关系与信息沟通协调各部门工作。

（一）组织机构设计

组织机构设计的关键是如何划分部门。划分部门有多种多样的方法，其关键是要使部门划分后所构成的结构体系适应战略、技术和环境方面的特定条件。传统划分部门的方法有两种：一种是按数量划分，另一种是按时间划分。单纯按数量划分的方法是抽调出一拨无差异的人，确定由哪位主管统领，使其去完成一定的任务。这种方法的实质不在于这些人去干什么、在何处干以及在什么条件下干，而在于所需人的数量。以人数为基础划分部门的方法，不利于劳动技巧的提高，也无法满足专业化的需要，更不利于高、中层的管理，而仅仅适用于组织结构的基层。按时间划分部门的方法是根据时间来组织业务活动，如采用轮班制的方法。这种方法的主要缺点是不利于监督和提高效率，同时增加了成本，也只适合基层管理的需要。目前流行的划分方法主要有以下三种：

1. 职能组织

职能组织即按高校的职能组织业务活动，以使每个系都有不同的义务和责任。这里首先要确定的是一个高校的主要部门，即人数多、费用预算大、关系高校存亡的主要职能部门。如果每个主要职能部门管理幅度太大，就应进一步划分派生职能部门。职能组织的主要优点是合乎组织工作逻辑，能遵循专门化原则，能维护主要职能的权力和威信，能简化训练工作，能使上层有效实施控制。职能组织的主要缺点是仅仅由上层管理者对盈利情况负责，过分强调专业化，不利于一般主管人员的培训，也难以协调各部门之间的工作。

2. 区域性组织

以地理位置为基础按地区划分部门的组织结构，即为区域性组织。该种方法一般适用于规模大的学校，或者业务活动分散的地方高校。它能够像产品组织那样，确定单个业务高校的利润责任，能够激励管理人员，能适应不同区域的特点。这种方法的主要缺点类同于产品组织的缺点。

3. 矩阵组织

20 世纪 70 年代，人们在同一个组织机构内将按职能划分部门的方法和按产品划分部门的方法结合在一起，这就是矩阵组织。这种组织也称方格组织，或项目管理、产品管理，实际上是一种折中的办法，这种办法既有按职能划分和按产品划分两种方法的长处，同时又没有二者的不足，有利于高校适应外部环境，有利于信息交流，有利于减轻经营和成本方面的压力。但矩阵组织也有缺点，如无政府主义的趋向，过度的权力斗争和开会及群体决策太多等。除上述几种主要的划分部门的方法，还有面向市场的划分方法，如按工艺和设备的划分方法，按服务部门划分的方法等。任何组织机构的设计并不限于采用一种方法或类型结构，应努力使组织的不同部分适应不同的条件，采用复合设计法，以鼓励人们以最适应工作任务的方式进行思考和行动。此外，完整的责任中心体系包括服务中心、教学中心、成本管理中心与工作中心等。事业部制度组织是以"服务中心"制度为组织的设计。

（二）协调关系设置

分工与协调是组织控制的两大职能。分工可以使组织内部活动专业化，而协调有利于部门上下级之间的配合。通过部门划分以后亟待解决的问题是部门间必须加以协调并成为一个工作整体。一个组织不只是由若干个有着各自目标的独立部门组成，为了取得工作成功，必须将各部门的努力结合成为一个整体。如果一个组织协调不好，就会出现控制失灵、冲突严重、职权分离等现象。无论什么样的组织，都是协调人的行为的体系，其协调方法多种多样。

1.纵向协调设置

有意地建立一个职权等级，规定各级管理职务责任和上下级关系，旨在开辟指导职工活动和交往的途径。设计职权体系，是设计协调组织的起点，其目的是建立一个强有力的指挥系统，使指挥系统中的每一个人都明确自己所处的位置，知道谁向他负责，他向谁负责。在该系统中，命令从上向下传，报告自下向上传。设计职权等级的原则是建立报告关系、负责关系及控制跨度。任何高校都应建立从高校最高管理者到最低管理层的、相联系的和不间断的报告关系。这种报告关系也称命令链，它要求从最低管理层开始，每一级都要对一位上级负责，并据此来检查每个人的行动是否违反了上级的期望，这样就有利于各级之间的协调。建立命令链的思想，要求人员之间的交流和对下属的控制不应间断，下级不应该背离上级指导；任何一级管理人员不应绕过其直接负责的部门，向更低一级的主管人员发布命令。根据统一命令的概念，下属只对一位上级负责，而不可能满足多个上级的要求，否则会造成关系紧张。为了便于纵向协调，还应适当注意各层次管理部门的控制跨度（管理幅度）。管理幅度是一名领导直接领导的下属人员数。任何领导人员，因受其精力、知识、经济等条件的限制，能够有效地领导下级人数是有限度的，超过一定限度，就不能做到具体、有效的领导。一个领导能直接有效地领导的下属人员数，称为有效管理幅度。如有人认为中级和高级管理人员最好能管理 3~9 个直接向其负责的人；有人认为基层管理人员最好能管理 30 个直接向其负责的人，也有人认为最好能管理 8~12 个直接向其负责的人。

影响管理幅度大小的因素主要是业务活动的多样性、不确定性、新颖性，下属工作的复杂性、随机性、责任性，下属人员的专业水平、非管理性工作量等。

2. 横向协调设置

任何组织除了纵向协调，还必须注意横向协调，即部门间的协调。在设计横向协调时，必须注意需要协调的地方、需要协调的程度、协调机制、适用情况等。部门间如何协调取决于部门间的相互依存性，如教学部门和后勤部门，应根据教学需要进行协调，否则会导致教学质量的下降，直接影响高校管理水平和学校发展。部门间需要何种程度的协调，是由各部门从事的共同任务的不确定性来决定的。任务不确定性越大，需要协调的程度越高，其决策者需处理的信息量也就越大。因此有必要设计协调机制。协调机制的具体内容如下：

第一，建立标准程序，以解决常规性的协调问题。

第二，建立垂直的职权渠道。如果存在的问题不太多，而部门间的利益冲突又难以解决的话，应使有权做决定的领导去解决，但这种协调方法不经济。

第三，建立临时会议制度。当有关部门发生不协调情况时，应由各方派代表参加碰头会解决。

第四，建立定期会议制度。如果部门之间经常发生不协调问题，可以定期举行会议加以解决。

第五，明确协调责任。在部门目标和职务说明中明确规定协调责任及合作义务。

第六，建立协调机构或专设协调人员。若高校协调工作较多，理应设置协调机构或协调人员，专门从事责任划分工作，负责平时的协调工作，如设调查员、联络代表、协调人、计划员等承担中间人的任务。

此外，还可以根据矩阵理论设计协调机制，以解决既相互竞争又很重要的两项工作。有了各种协调机制和手段，还应根据不同的需要进行选择，以保证其有效使用。

3.参谋协调设置

除了纵向协调和横向协调，很多管理者还采用参谋协调的方法。在管理学中，参谋有时指管理人员助手，有时指一种特别的职务——处于从属地位，只向一名管理者负责。无论怎么说，参谋具有服务、咨询、监督与控制职能，参谋部门负有临时性的协调之责。从整个组织机构来看，某些部门对整个组织来说，主要是参谋式的关系，另外一些部门主要是直传关系。要做好各部门的协调工作，不仅要注重按分级原则进行直线或阶梯式的职权关系的设计，还要注意具有顾问性质的参谋关系的设计。

4.职权协调设置

把职权和决策权向上移，称为集权；把职权和决策权向下移，则称为分权。管理者把职权和决策权集中到高校结构的最上层，即为集权；管理者把职权和决策权分散到全体下级人员，则为分权；有些管理者授予下属特别职权和职责，即放权。

如果一切问题均由最高管理者解决，这样有可能导致其决策慢或做出不高明的决策；如果一切问题均由下层人员解决，则有可能造成失控，酿成大错。过分集权和分权都是不可取的。如何更好地进行职权控制，应采取随机制宜的原则。对一个特定的组织来说，在特定的时期内，它的某些职能最好实行集权，其他职能则实行分权，只有通过掌握特定的事实，在处理特定职能时权衡利弊后才能做出正确的决策。要把各种职能看成由不同的活动组成，而不能看成是整体，对有些活动可以采用分权，对另一些活动则需要采用集权。

放权或授权管理，是一种较好的职权管理形式，它是指管理人员分配任务和分配完成任务所需的职权和职责的过程。授权控制应力求做到完全性、明确性和充分性。完全授权是指对每项任务分配时，授予被授权者应负的责任和应有的权力，以避免无人负责的现象。此外，应明确告诉被授权者对何种任务负责、有哪些职权，应使下级人员清楚了解自己的任务、职责和职权，在职权范围内无须事事请示。职权是发布命令的权力，职责是对结果所负的责任，二者应该平衡。授权的充分性是指授予下级的职权应能保证其完成应负的责任，这样有利于促进有关任务的完成。此外，应该注意的是，进行授权管理，并不是减轻上级应负的责任，上级应对下属职务范围内的行为负责。进行授权设计，必须遵循按照预期成果授权、明确职能界限、分级、分层、统一指挥、职责的绝对性、权责对等等原则。

5.影响力设置

影响力是用一种别人所乐于接受的方式，改变他人的思想和行动的能力。影响力可分为权力性影响力和非权力性影响力。权力性影响力又称为强制性影响力,它主要源于法律、职位、习惯和武力等。权力性影响力对人的影响带有强迫性、不可抗拒性,它是通过外推力的方式发挥其作用。在这种方式作用下,权力性影响力对人的心理和行为的激励是有限的。与权力性影响力相反的另一种影响力是非权力性影响力,非权力性影响力也称非强制性影响力,它主要源于领导者个人的人格魅力,源于领导者与被领导者之间的相互感召和相互信赖。各阶层主管要积极发挥自身影响力,如采用合理的报酬、适当的处罚、合法的管理、模范的行为及专家型的指导等,以影响下属的行为。如果下级明白上级能给予他合理的报酬,他往往乐于接受任务;如果下级明白上级的指挥是正确的、有效,他往往会服从上级的安排;如果上级以身作则、以上率下,下级往往会去仿效;如果上级有能力且学识渊博,那下级往往心悦诚服。

(三)工作设置

明确了如何划分部门和如何协调部门的工作后,就应该进一步明确如何设计部门职责和群体及个人应完成的工作。进行部门和个人工作设计时,要根据总体战略来设计,使各部门或个人的工作有利于总体目标的实现和战略的实施;要根据技术因素,进行专业化分工,把大的任务分成若干小任务,以提高效率;要在考虑技术因素的同时,也考虑到心理因素(职工价值观、责任感、成就感等),以满足职工对工作多样性、完整性、重要性等的需求,以激励职工,唤起职工对工作的积极性。进行工作设计,一般先从主要教学部门开始,再设计服务部门的职责,如对总务、人事部门工作设计;然后根据工作程序一条一条地列举出来,进行整理归纳。

例如,拟订后勤部门职责时,就要依照其工作程序,从采购教材开始,开列请购单、询价与订货、验货入库、登记入账、安全保管、凭单发货,到检验、包装入库等。根据列出的职责,依计划、执行、考核行政"三联制"进行核查,看有无漏列和应予补齐、调整的问题。纵向方面使职掌与程序衔接起来,横向方面将人、事、物连接起来,形成完整的部门工作体系或个人工作系统。例如,某教育厅财务处主要职责为:研制与修订会计制度,并督促所属高校加强会计制度建设工作;编制系统预算,并审核与汇总所属高校预算资料;汇总与编制月报、季报与年终决算;编制财务分析与成本分析报告;检查所属高校会计资料及有关会计事务的处理;检查各高校预算执行与控制状况;指导与培训系统内会计人员,并负责会计人员的考核与职称评定工作;指导系统内的统计核算与业务核算工作，定期组织财务检查工作。

（四）人事控制设置

人事控制的目的，就是要采取某种确保高校目前和未来都能正常经营的办法，为组织结构中各个职位配备合适的人员。人事控制不仅是人事部门的职责，而且是高校主管人员的职责。主管人员的计划、组织、领导和控制等职能，往往都与人员相关，人事控制是主管人员的一项重要职能。高校领导都要正视"人力资源开发"这一问题，如不能很好地进行人员挑选、使用、考核与培训工作，整个高校就会变成一台腐朽的机器。

1.选择设置

选择人员设计主要是对人员配备与人员选拔方法方面的设计。

人员配备工作应该与高校组织结构及计划目标工作协调一致。人员配备是一个复杂的过程，它可以作为管理人力资源的一种系统方法。进行人员配备时，要根据计划考虑人员需求量，同时还应考虑任命率、年龄、健康状况等其他因素。此外，还要根据高校内部和外部人才资源状况，对主管人员需要量进行分析。在招聘、选拔、安置人员时，呀要做好考核工作。在人员配备过程中，应充分考虑到外部环境与内部环境的影响。尽管人员配备工作主要由人事部门和各管理层来负责，但拟订人员配备计划、决定招聘范围、制定选拔程序、确定考核方法以及规划培养开发等人事政策，还是应由人事部门在高校最高管理者直接领导下贯彻、落实。

高校各类人员质量，特别是各级主管人员的质量，是任何一个组织取得成功的决定性因素之一。选择人员，特别是选择主管人员必然是整个管理过程中最关键的步骤之一，选择人员必须要按照以下要求进行：

首先，要对各职位的要求进行客观的分析，即应明确各职位的工作内容、工作方式和需要的知识、态度和技能等，要确定职务的适当范围，既不能过宽，也不能过窄。职位对任职者应当具有一定的挑战性，使他们感到自己得到了充分任用。不同的职务往往有不同的要求，如专业技术人员应具备技术性技能、概括分析的技能、谋划设计的技能以及分析与解决问题的能力等。

其次，要对各职位的重要程度进行评价。这种评价不同于对工作成绩的评价，一般使用三种方法：一是采用"排队"比较法，来确定各职位工资标准和地位，一般是以薪金水平来表示职位差别。二是根据职务要素进行评分，以此来评定职位等级。进行评分时，一般先选定几个职务要素，给它们规定权数和分值，然后以数字表示每个要素。要素主要包括教育程度、经验、智力、体力、职责和工作条件等，主管职务的要素主要包括技术知识、所要解决的问题和职责的范围等。三是采用判断时距法，来评定职务价值，即通过对某个职务所承担的各项任务的分析，来衡量判断时距的长度。例如，某一职位中所发生的差错很快就能暴露出来，而另一职位中的差错要很长时间才能表现出来，对后者工作的判断时距就比前者长，其职位价值也应比前者高。

再次，要明确各职位所需人员应具备的素质，除了应具备的技能，个人的素质也很重要，如主管人员必须具备管理能力、沟通能力、相应的工作经验等。

最后，进行正确选择，在明确各职位所需人员的规格要求以后招聘、选拔人员。一般采取目标选拔法，即将职位工作目标与被选人的工作经历与技能、素质进行对照，按相符程度进行挑选。具体选拔时应先审查书面资料，然后进行口头审查，主要针对被选拔者的智力、才能、个性等，并集体评审。

在选择人员时，应注意区分不同类型的应征者。面谈是一种较好的方法，因为高校要选择的是一个实实在在的人，而不是一张内容丰富的履历表。对于"老兵型"的人，可以录用，但要激发其挑战性，否则他毫无冲劲；对于"牛皮型"的人，不可录用，因为他只会社交，不会干活；对于那些具有灵敏性和自我达成驱动力的人，可优先录用。

2. 用人设置

管理之道在于借力，任何主管人员都要借助下属的力量，完成高校的整体目标。高层主管可借助中层主管的脑力，中层主管应借助基层主管的脑力与体力，基层主管应借助职工的体力，现场职工应借助本身的体力及可用的机械力，以完成各管理层的目标。借力的方法，一是计划，二是控制。计划泛指所有决定未来要求下属完成的目标及执行方法的思考过程，计划在于创新。控制泛指确保达成计划目标的措施，主要有组织结构、人员督导等。组织结构应表达清楚各人的职位层次，明确指出各人上下沟通的管道，确定职工间协调及合作的中心。人员督导是指日常纠正、指导下属行为以期达到目标的活动，如果每一位下属都能自觉地依照上级指示行事，则无须督导。

管理是人力发展而非事务指导。只会做事不会管人的人，不适合当领导。各级领导均应掌握各种人事处理工作，如职工关系、客户关系、社区关系、政府关系、金融关系等，处理好内部职工关系是用好人的关键。用人之道，一是要因材施用，使每个人适得其所；二是要培养人才，不断增进其才干。例如：设置一套有效的方法，用以测定各人的工作成果；创造良好的条件和环境，提高职工的工作效率；设法征召和储备最优秀的人才；培训具有潜力的人员，以使其胜任更复杂的工作；建立一套有效的考核办法，公正地考核与评定每个人的绩效；奖罚有度，以提高士气。各层次的管理人员都希望上级能了解自己的工作状况，必要时给予指导，并希望上级处事公正，依据自己的成就给予精神与物质的鼓励或升迁机会。同时，各层次的管理人员也受到知识问题、技术问题、信息问题、态度问题、沟通问题、人格问题等的干扰。各层次的管理人员应关心下属的心态并采取措施为其排忧解难，既要与下属积极沟通，又要持虚心、诚实、谨慎的态度去提高管理技术，解决难题，如要评鉴已经获得的成果、分析当前的需要、设定高校的长短期目标、确定权责的归属、度量业务进展、评核绩效、确定成就给予报偿、更好地设计未来等。

3.培训与开发设置

通过教学训练，教会管理人员如何管理，即为高校培训工作。组织开发是一种系统地、综合地、有计划地提高高校效能的方法，其目的在于解决对各级管理层次的经营有不利影响的问题。按照经营管理理论的方法进行培训与开发，首要的是进行目标管理、工作充实化教育和敏感性训练。此外，最高管理者要大力支持培训工作，培训对象要包括所有管理人员与职工，学习要建立在自愿的基础上，培训要求因岗位或个人条件而异，培训方法取决于培训要求，理论必须与实践相结合。

对任何个人的培养与训练，首先要明确他现在的成效与行为和要求达到的成效与行为之间的差距；其次要明确他现有的才能与担任下一个职务所要求的才能之间的差距；最后还应预测未来，适应不断变化的技术和方法，以达到新的才能。只有明确了上述三方面的问题，才能进一步明确培训目标和培训方法。

培训可分为在职培训与离职培训两类。在职培训，是受训者一边学习，一边工作，其具体方法有：有计划地提级、职务轮换、设立"副"职、临时提升、个别辅导、建立临时受训机构等。离职培训，有在高校内部和在高校外部的训练，如进行敏感性训练、专业证书班培训、特别培训、自修培训、视听培训及模拟培训等。组织开发的核心是要使高校各级管理者一起努力，以解决部门或高校所面临的具体管理问题。任何组织开发，其关键是人力资源开发，而人力资源得到充分发挥的关键是要创造一个使全体职工爱岗敬业的组织环境，如组织机构清楚，权责明确；适当的授权，使职工充分发挥个人积极性；赏罚分明，公平公正；相互关心，团结和睦；增强职工的认同感，使职工把高校利害、荣辱与个人利益结合起来等。

每个高校都应该重视人事教育工作，充分发挥人事管理的职能，如健全人事组织，根据高校规模大小，设立合适的组织机构，明确其权限职责，以做好人事行政和人事服务工作。根据高校需要，制定科学的人事制度。该制度包括任用条件及手续、工资标准、工作时间、请假规定、职工福利、考勤与考核方式以及奖惩、调动、离职、退休等一切人事规章。要想做好人事工作，就要加强劳动工资管理，及时处理劳动力不足或过剩问题，以及处理定级、转正、调资等问题；对外、对内进行协调与联络等行政工作；加强教育培训工作，有计划地组织职前训练、在职训练、正式教育与补习教育等；加强人事任用工作，如按政策与规定办理招工、奖惩、升迁、调动、缺勤、考核、退休等人事手续，要增加透明度，并要接受群众监督；此外，还要加强医疗保健、职工福利、协调服务等工作。人事管理工作，涉及整个高校的工作效率问题。人事管理工作做得好，就可以提高工作效率、设备使用效率与资金使用效率，使高校得到更好的发展；否则，则可能导致高校失败。因此必须注重挑选人事管理人员，严格要求人事管理人员，使所有人事管理人员能把握国家劳动人事政策，熟悉劳动人事制度，明晰事理、善于分析判断，具有丰富的办事经验，温和谦让、办事认真等。

三、行政领导控制

对于我国的高校来说，行政领导控制既指个人领导控制，又包括群体领导控制。领导功能的发挥，既与领导个人的品质、风格、才能相关，又与领导体制、分工、协调相关。对于领导的定义，不同的人有不同的看法，但多数人认为它是一种影响别人的力量，即影响别人使之心甘情愿地为实现高校目标而努力的过程。技术、才智、工艺、安排等因素，只是影响生产力的部分因素，而领导是影响生产力的关键因素。具有杰出思想的，能激励别人去思考、去行动的领导，往往具有较大的影响力，对其他职工有一定的正面影响。有人认为领导的本质就是被追随，因为有人愿意追随，也就有人会成为领导。有不少人没有工作热情，或是缺乏动力或缺少机会，或是受工作环境的影响，或是本来就缺少这方面的天赋，领导的职能就是要管理好所有的下属，并使其保持高昂的士气、持久的工作信心和工作热情，心甘情愿、竭尽全力地为实现目标而做出贡献，也有人把这种功能称为统御功能。领导通过计划、组织、控制、执行职权、予以报酬引诱等，可以使职工发挥自身 60%的能力；通过才能，可以使职工发挥自身 40%的能力。行政领导控制的范围很广，下面主要领导控制设置、授权控制设置、激励机制设置和信息沟通机制设置。

（一）领导控制设置

好的领导需要了解职工的需要，明白哪些是有效的激励因素，以及如何发挥其作用。如果把这些认识运用于管理活动之中，领导的职能作用往往就能得到更好的发挥。领导要公正严明，要顾及职工的心理和情绪，注重奖励和引导职工。领导事前应做周密的计划，对问题做到心中有数，以掌握职工的工作动态。此外，领导要公正无私、平等待人，不能以有权、有技术自恃。领导的影响力主要取决于个人品质、领导方法及对环境适应三方面的因素。

许多人认为，领导者要具有完成任务、取得成就的强烈愿望和责任心；有追求目标的干劲和韧性；有解决问题的智力、才能、创造性和冒险精神；有开拓精神和自信心；有决断和敢于负责的精神；善于处理和调解人与人之间的关系；能忍受挫折和失败；有影响他人行为的能力和社交能力；能尊重、关心和信任他人等。根据我国高校领导者所处地位及应发挥的作用，他们应该具有十方面的素质：坚定的政治方向，应有的社会责任，讲究社会效益；创新意识，以适应激烈竞争的需要；清醒的战略头脑，有超前意识，既要有战略目标又要有战略步骤，把当前利益与长远利益、现实利益与长久利益结合起来；果断决策，敢冒风险；有很强的竞争意识；有文明精神，创新、求实、奋进，将地方高校精神转化为物质财富，充分调动职工拼搏、奋进的积极性；出色的组织才能，善于指挥，敢于授权，培养与造就优秀人才；广泛的知识和爱好，要进行智力开发和感情投资；有无私奉献的精神；密切联系群众。

以运用职权为基础的领导方式，一般有三种：一是专制独裁式的领导，要求别人言听计从，自己教条专断，全靠奖惩领导他人；二是让职工参与管理的领导，让下属参与制定行动和决定，并鼓励他们参与管理；三是极少使用自己权力的领导，在经营活动中给予下属高度的独立性，让下属设定自己的目标和实现自己的目标，认为自己的工作只是给下属提供信息、做好群体与外部环境的联系工作，以此为下属工作创造良好条件。上述三种领导方式，每一种都可以细分为多种形式。从领导风格上讲，无非是"以人为中心"型的领导方式和"以任务为中心"型的领导方式两种。领导者主要关心良好的人际关系和个人的声望，把主要精力放在下属身上，注重研究他们的感情和他们之间关系的好坏，即是"以人为中心"型的领导方式。这种领导风格的实质就是尊重下属，是民主的、宽容的、关心下属的、平易近人的、体贴人的。这种领导方式确实能增加职工的满意度，也有利于加强群体团结，但对生产率的影响并不总是成正比的。领导者主要关心任务，把主要精力集中在所要完成的任务上，关心工作进程和完成工作的手段，即是"以任务为中心"型的领导方式。这种领导风格的实质就是对生产任务的关心压倒一切，而对下属漠不关心，是独断专行的、关注任务的，命令型的、任务为职能结构的。这种领导方式通常和生产率构成正比的关系，但会降低职工满意度和团结程度。根据现代管理和适应环境的需要，应采取两种风格结合式的领导方式——权变式的领导术。

权变式领导，一是要求领导要明白自己最感兴趣的领导方式，对特定事务应有主观意见，能感受到自己的领导成效；二是要求下属明白所接受的领导方式，对特定事务的个人看法，对主管的领导方式。

领导的管理方法一般有四种：压榨和权威式的方法、开明和权威式的方法、协商式的方法、集体性参与方法。采用集体性参与方法时，领导对下属抱有充分的信心，极其信赖下属，经常征求和采用下属的看法和意见。现代管理的实践表明，集体性参与方法是较有效率和成果的管理方法。

凡是对人和任务都表现热切关心的领导，往往比只对人或任务表现一般关心的领导能取得更高的生产率、更团结的集体。在管理实践中，领导实际上就是对计划、组织和控制的补充——当这些程序不能给下属提供足够的指导或帮助时，则通过领导予以补充。领导承认并刺激下属对奖励的要求，奖励达到目标的成就，支持下属为实现目标所作的努力，协助减少在实现目标过程中存在的障碍，增加下属取得个人满足感的机会，这就是途径-目标理论，是目前最有效的一种领导方式。这种方法的本质是，最有效的领导者应能帮助其下属同时实现高校目标和个人目标。其方法就是要明确规定职位和工人职责，消除取得成就的障碍，在制定目标时谋求群体成员的协助，加强群体成员的团结和协作精神，增加个人在工作过程中得到满足的机会，减少个人不必要的心理压力，明确奖励标准，以及做其他一些符合人们期望的事情等。途径-目标理论对上层职位和专业性工作特别有用，但对日常生产工作的实用价值不明显。要想成为成功的领导，领导必须有修养，在某种意义上说，领导待人处世的修养比知识本身更重要，它能极大地改善领导和被领导者之间的人际关系。领导必须通晓形成有效领导的各种因素、随机应变的各种方式、有关激励和领导理论的基本内容，必须善于将知识应用于实践；领导应将自己置于他人的地位，设身处地地体会他人的感情、好恶和价值观念等；领导应力求做到处事客观，不带任何感情地观察和追溯事件发生的起因，并进行评价，先分析后行动，以防仓促行事、处事不公。领导要有自知之明，即明白为什么自己要做某些行为，为什么有些行为无法引起别人的关注，为什么有些行为会引起别人的敌意。好的领导虽说取决于领导的个人品质、风格、方法等，但注意群体组合、优化领导班子更是实施领导控制的重要方面，这不仅是实行参与管理、民主管理的需要，也是我国完善各种经济责任制的需要。现代管理学认为，如果整体内部每一个个体的选择是好的，群体组合的形式也是好的，那么整体的效能则大于个体效能之和。作为整体领导职能来说，每个领导都是优秀的，其群体组合又是合理的，则领导集团的能力应大于每个成员能力之和，因为在个体能力之和之外还应加上"集体力"。任何高校的领导班子，注意个体的选择是为了发挥每个个体的特长，注意群体的组合是为了发挥集体的力量。为适应现代化、社会化大生产的需要，高校领导班子群体必须围绕共同的经营目标结成彼此协调、长短助力、团结努力的集体。实现地方高校领导班子群体的最佳组合，必须遵循目标原则、效率原则、能级原则、取长原则与协调原则等，还必须做到老中青结合，技术与管理结合，知识的广度与深度相结合等。

（二）授权控制设置

任何高校不能由校长一人独揽，必须进行工作责任委派，这就产生了授权。授权就是由上级主管或权力者授予下属一定的责任与事权，使之在其监督下得以自主地处理与行动。授权者对被授权者保有指挥与监督的权力；被授权者对授权者负有报告与完成的责任。授权与代理不同：代理是依法代替某一人执行其任务；而授权是仍负责行使其法定的权力。授权与助理不同：助理是由他人帮助负责以成事，助人者无任何责任，而受助者仍负其责；授权则是被授权者负有一定的责任。授权与分工不同：分工是各负其责，彼此无隶属关系；授权则是上下之间仍具有监督与报告的关系。从本质上看，授权只是把决策权分给下属，但不是分散决策责任，相反是权力下移而责任向上集中。授权不授责，授权留责，更不能只授责不授权，否则会导致主管推脱责任或揽功自居。授权控制的主要功能：减少主管工作负担，把他们从繁杂的事务中解脱出来，以利于思考和解决重大问题；改进人事行政，增强下属责任心，提高其工作效率；发挥下属的专长；在管理实践中培养干部，增进下属的学识、经验与技能，以利于人才储备。以正式或非正式的方式授予下属用钱的权力；以明文或非明文的方式授给下属增人与选用的权力；以工作说明书的方式，授予下属进行例行工作的权力，而不必事事请示或等批准。授权的时间应根据具体情况而定。如果一个高校在遇到高级人员空缺，在职人员力不从心，有人兼任多个要职，机关工作决定权限集于极少数人手中，工作人员缺乏主动积极性时等，均要进行必要的授权。如果高校主管人员感觉到计划及研究时间紧迫，办公时间经常处理例外公事，工作时经常被下属请示打搅，也就需要进行必要的授权。授权应以被授权者的能力强弱及知识水平高低为依据，因事选人，视能授权；授权前必须做充分的研究与准备工作，力求将责任与事权授予最合适的人员。此外，要根据明确的隶属关系进行授权，不得越级授权；要明确授予权责，具体规定其目标、范围；要进行适当控制，以免造成授权过度与不足，并规定考核与检查成效办法，建立适当的报告制度；要量力授权，应根据下属能力的高低来决定授权，不可机械与硬性授权；校长要保留权责，过度授权等于放弃权力，某些权责校长理应保留；要相互信赖，授权者与被授权者应相互信赖，主管不得干涉下属的单独决定，下属应竭力办好权责范围内的事，不要事事请示，也不得越权行事；要适时授权，授权理应遵循一定的原则，但并非一成不变，授权必须视高校的实际情况来决定。授权不仅是科学也是艺术，因此也要注意授权技巧，如集中精神处理管理责任、依工作性质分派各人员执行、使下属有自由裁量权而仍能控制自如、使用正式任务命令书方式等。

（三）激励机制设置

高校管理人员的首要任务是创造和保持一种有利环境，促使人们发挥作用，帮助高校或部门完成其组织任务与目标。任何组织都要有一定的激励机制，去激励人们工作。人的一切行为的基本要素是活动，其中包括体力活动和智力活动，而且人的一切活动都是有目的、有动机的活动。动机是一种能够提供精神力、活力或动力，并能够指导或引导行为达到目的的内心状态。激励是可运用于动力、期望、需要、祝愿以及其他类似力量的类别。

激励因素就是那些能引导一个人做出成绩来的事物，主要包括物质与精神激励两方面，如高薪、头衔等。激励因素就是能影响个人行为的某种东西，它对一个人愿意做什么的取舍有重大影响。人们的需要分为两类：一是维持因素，不起激励作用，但非有不可，如高校政策、行政管理、监督、工作条件、人际关系、薪金、地位、职业安定、个人生活等；二是职务内容因素，它是真正的激励因素，如成就、赞许、晋升等。有关激励的理论有奖惩理论、期望理论、激励理论等。奖惩理论主要是指运用奖、惩两种办法来诱导人们按所要求的那样行动，虽然是一种传统的手法，但至今仍旧有效。期望理论的内容：人们受到激励去做某些事情，以实现某些目标。激励理论认为，人有三类具有激励作用的基本需要，如权力需要、归属需要和成就需要。根据现代管理的需要，激励的方法与手段主要有合理的报酬、正强化、职工参与管理、工作内容的丰富化等。报酬无论在什么时候都是一种有效的激励手段，根据人们的工作成就给予合理的报酬，有利于调动人的积极性。所谓正强化，就是指个体做出某种行为或反应，随后或同时得到某种奖励，从而使行为或反应强度、概率或速度增加的过程。这个方法强调排除不利于取得工作成绩的障碍，细致认真地从事计划工作和组织工作，运用反馈来进行控制，以及扩大信息沟通的范围。职工参与商讨与自己有关的行动，往往容易被激励，因此职工参与管理是一种成功的激励方法。参与管理与许多基本的激励因素相适应，它是一种对职工给予重视和赏识的手段，它能给人满足归属的需要和受人赏识的需要，尤其能给人一种成就感。鼓励职工参与管理，并不意味着主管人员放弃自己的职责，他们鼓励职工参与管理并仔细倾听下属的意见，但需要他们进行决策的时候，还是要进行决策。下级不会干预上级的职权，也不会对优柔寡断的上级产生敬意。

使工作内容丰富化，同样是一种有效的激励手段，它强调工作具有挑战性和富有意义，其主要做法是把更高的挑战性、重要性和成就感体现在职务之中，如：给予教师在决定工作方法、工作程序和工作速度方面更多的自由；鼓励下级参与管理，鼓励教职工之间的交往；使教职工对自己的工作有个人责任感；使下级能看到自己的贡献，并及时反馈给他们工作的完成情况；让教职工参加分析和改变工作的物质环境；等等。究竟采取何种激励手段应采视具体情况而定，应考虑多种变量或因素来建立相应的激励系统。国内外很多管理专家认为，人们的工作除了获得报酬的需要外，还需要从工作中获得成就感和安全感。上级采用的激励手法主要有：以劝说、奖励为主，不要发号施令；不要事事都做指示，让下级自己做决定，适当授权；为下级设立明确的奋斗目标，而不要事事指教；关心下级，倾听下级意见；信守诺言，并采取行动；分配给下级的工作要有连贯，不要经常中途变卦；注意事前检视，防患于未然；设立简单的规范让下级遵守；下级即便有错也要心平气和地批评；要计划未来；要有信任感，避免轻率下判断；适当地奖励下级；让下级和睦相处，但不能拉帮结伙。值得注意的是，领导在进行奖励与惩罚时一定要公正，绝不能搞平均奖、轮流奖、倒挂奖、人情奖、固定奖、花样奖、红包奖等，以防职工出现懒惰心理、退缩心理、多占心理、赌气心理、对立心理、懈怠心理、投机心理、离心心理等。

（四）信息沟通机制设置

信息沟通是组织中构成人员之间的观念和消息的传达与了解的过程,它是为完成使命及达成任务的一种必要手段,可以促进共同了解,增强集体力量。信息沟通的目的是加强人员之间的联系,发挥整体的力量;改进业务处理的方法,提高组织的工作效率;了解彼此的需要;减少浪费,避免意外事件的发生;有效达成组织的使命。信息沟通对发挥地方高校内部各职能部门的作用至关紧要。信息沟通的作用是拟定并传达地方高校的目标;制订实现目标的计划;以最有效能和效率的方式组织人力和其他资源;选拔、培养和审评人员;领导、指导和激励职工,并创造一种使他们愿意做出贡献的环境;控制工作进程。信息沟通除语言、文字、地位等方面的障碍和困难外,还有缺少沟通计划,缺乏适时性等问题。

信息沟通的主要种类有正式沟通和非正式沟通两大类。正式沟通是配合正式组织而产生的,依据信息流通的方向分为上行、下行和平行三种沟通形式。上行沟通,主要指由下而上的信息沟通,下级人员以报告或建议等方式,对上级反映其意见。这种沟通方式有利于职员参与管理,使职工乐于接受上级的命令,可以满足职工的自重感,使职工办事更有责任心;同时也有利于上级做出正确决定,从下级反映的情况中可以了解下级的工作是否按上级意愿执行;有利于鼓励下级发表有价值的意见;能接受下级直接批评,并满足下级的基本需要;符合民主精神。下行沟通,即由上而下的沟通方式,由管理阶层传到执行阶层的信息沟通。这种沟通方式有利于帮助组织达成执行目标,增强职工的合作意识,使职工了解、赞同并支持组织所处的地位;有助于组织的决策和控制,可以减少曲解或误传的消息,减少职工的疑虑及恐惧。平行沟通,是指平行阶层之间的沟通,也是指信息在组织级别相同或相似的人员之间的横向流动,如高层管理人员之间、中层管理人员之间、基层管理人员之间的沟通等。平行沟通有利于弥补上、下行沟通的不足,给职工了解其他高校情况的机会,培养职工间的友谊等。非正式沟通指非组织的沟通,它一方面满足了职工的需求,另一方面也补充了正式沟通系统的不足。非正式信息沟通,是由人员间的社会交往行为而产生的。非正式沟通产生于无意之间,没有地点、时间、内容的限定。它之所以起到正式沟通所起不到的作用,是因为它传递快,有很高的选择与针对性,反馈迅速,能及时做出评价等。非正式的个人的信息沟通有单线式传递、流言式传递、偶然式传递、集中式传递等方式。按信息沟通的方式划分,还有书面形式的沟通、口头形式的沟通和电子形式的沟通等。组织机构作为信息沟通的手段,社会系统作为信息沟通的网络。

信息沟通主要包括以下五个要素：第一，发送者，负责有意识、有目的地发送信息，如发言人、建议及发令人等；第二，沟通的程序，即意见传递的媒介与路线等；第三，沟通的程式，如命令、规则、通知、报告、公函、手册、备忘录等；第四，沟通的接受者，即接受消息、命令、报告等的人；第五，所期待的反应与结果。在实行下行沟通时，上级必须了解下级人员的工作情形、欲望及个人问题；领导者必须有主动的沟通态度；组织中必须有完整的沟通计划；领导者必须获得职工的信任等。在实行上行沟通时，上级必须以平等地位对待下级；经常与职工举行工作座谈会；建立公平而合理的制度等。在实行平行沟通时，其关键在于管理是否能适当地授权等。从理论上讲，沟通是协调的一种方法与手段，其目的是使各高校职员能以分工合作的、协同一致整齐的步伐达成共同的使命。沟通在谋求思想认识上的一致，而协调在谋求行动上的一致。要做好信息沟通和协调工作，各高校应采取有效的措施：建立会签制度；制定工作流程图；设置参谋人员，专门负责协调联系；运用会议方式，促进意见交流；简化公文报表；利用报刊报道高校情况；利用计算机处理及时获得正确信息；设置意见箱；个别访问谈话，了解教职工的需求；等等。

地方高校是一个由人、财、物等多因素组成的经济综合体，由多个子系统组成。无论是各个子系统的内部管理，还是各个子系统的联系，都需要通过信息进行沟通，以达到物质和能量的合理流通。例如，行政组织系统需要进行组织与组织、人与人之间的信息沟通；思想工作系统，更离不开思想信息的收集、处理与反馈等。

第五章 高校各项财务管理

第一节 高校资产管理

随着全球经济一体化和知识经济全球化，以及我国财政体制改革的全面深化，我国高校发生了天翻地覆的变化，实现了非常规的跨越式发展，同时也面临前所未有的挑战。在资产管理方面，我国部分高校就忽视了资产管理在高校可持续发展中的关键作用，资产管理制度残缺不全，管理手段落后，管理水平不高，资产重复购置多，闲置浪费多，资产使用效率和效益低下，这些是当前我国大部分高校资产管理中存在的突出问题，严重阻碍了我国高校的快速健康可持续发展。因此，对高校资产管理进行全面改革，健全既能适应知识经济发展需求，又能促进教学科研事业发展的高校资产管理体系、办法和措施已成当务之急。

一、高校资产管理的内涵、定位及特点

（一）高校资产管理的内涵

高校的固定资产是国家和人民的财产，是保证学校教学、科研、生产、行政和生活等活动的重要物质条件。高校国有资产包括用国家财政资金形成的资产、国家无偿调拨给高校的资产、按照国家政策规定运用国有资产组织收入形成的资产、接受捐赠等经法律确认为国家所有的其他资产，其表现形式为流动资产、固定资产、在建工程、无形资产和对外投资等。

高校国有资产主要涉及四大领域：房屋建筑物、仪器设备、图书资料、无形资产，它们在高校国有资产总量中占主体部分。前三类资产是实物资产的主要组成部分，基本实现了规范化管理。而无形资产是依附于一定主体而存在的，不具有实物形态，它包括

专利权、非专利技术、著作权、商标权、名称专用权等，尤其是知识产权将受到重视和保护。无形资产在资产总值中的比例日益增大，处于高校资产增值的主导地位，是高校国有资产管理中的难点。

所谓高校资产管理，就是通过对高校资产的获得、使用、维护及报废全过程的调控，努力为高校教学、科研服务，从而提高高校办学质量，维护国家的所有者权益，保障资产的安全和完整，确保国有资产保值增值，实现资产使用效益最大化（最优化）。

（二）高校资产管理的定位

高校国有资产分布在高校的方方面面，其管理工作涉及教学、科研、行政及后勤等一系列过程。高校属于事业单位，主要是提供教育服务和精神产品，在人们的思想、文化、精神、健康等方面具有重要作用。所以，高校资产管理的主要任务是通过充分利用高校内部的人力、财力、物力，合理安排支出，杜绝各种浪费，勤俭办学，调动教师积极性，提高教学质量，努力提高高校资产管理的有效性，提高工作效率，使高校能培养出更多高质量的人才，使高校能产出更多的科研成果。然而，高校的事业活动受很多因素的影响，并且多以社会效益的间接形式表现出来。因此，高校资产管理的特点主要表现为：一是消耗、占用与产出成果之间不存在线性关系，资产投入与产出相关程度不高；二是资产使用的产出成果难以用货币计量，难以用经济效益为标准考核；三是由于高校本身无法直接生产物质财富，其资产管理业绩的优劣往往表现为资源消耗和占用的节约量，或教育服务数量的增加和质量的提高。

（三）高校资产管理的特点

高校资产管理的特点主要有以下几点：

第一，资产必须是一种经济资源。这种经济资源必须具有使用价值，必须能够为拥有、占有单位创造一定的经济效益或社会效益。只有符合这个条件的经济资源，才能被确认为资产。

第二，高校资产的来源和使用以无偿为主。高校的资产主要是通过国家财政拨款、社会捐赠等方式无偿取得的。高校资产的使用也是无偿的，不需要偿还，也不需要像企业那样通过计提折旧的方式进行补偿。

第三，高校的资产主要用于教学、科研活动，其使用以为国家培养高质量的人才和取得高水平的科研成果为主要目的，不以经济利益为主要目的，也不能直接给高校带来经济利益，注重的是社会效益和使用效益。

第四，高校的资产严格区分为非经营性资产和经营性资产，并且绝大部分都属于非经营性资产。非经营性资产是用于教学、科研、行政和公共服务设施的资产，非经营性资产分布在各系（部）、行政处室、直属单位和后勤有关服务单位；经营性资产是用于生产经营活动的资产。在社会主义市场经济条件下，高校将部分资产投入到校办科技产业和后勤经营服务中，非经营性资产转变成了经营性资产，经营性资产主要分布在校办科技产业和后勤经营服务单位。非经营性资产转为经营性资产必须满足一定的条件，并要进行审批、资产评估等。

二、高校资产管理的重要意义

随着我国经济体制改革的不断深化，国际、国内市场竞争的日趋激烈，我国国有资产产权的合理流动、分布结构需作有效的调整与重组。高校的资产管理也必须接受经济运行规律的检验，以防止国有资产流失，确保国有资产安全与完整。

（一）适应社会主义市场经济运行法则的规范管理的需要

进入社会主义市场经济体制后，高校国有资产管理的运行模式发生了变化，这不仅要求对国有资产进行宏观计划配置，还要按照市场经济运行法则来规范管理，并要求树立资产管理的成本意识。市场经济本质上是法治经济，市场经济良好运行以良法善治为基础。在市场经济运行过程中，客观上要求市场活动的主体（即市场经济的参与者）以及市场经济的各种行为，都应当在法律规定的范围内进行活动，并将结果以一种能够受法律保护的文本形式（如产权证件、经济合同等）固定下来。这也就要求高校资产管理者在当前管理中努力学习国家有关法规和政策，树立资产管理的法律意识，尽快将市场经济法律规范管理程序及文本格式运用到高校资产管理中去。同时，市场经济是竞争经济，这种竞争并不是无序竞争，而是有序公平竞争，高校可通过制定有序规范竞争程序（如设备采购招投标规范程序等），达到既减轻办学成本又增加办学效益的目的，使高校投入的资本金发挥出最大的经济效益和社会效益。

（二）适应高等教育体制改革的要求和自身发展变化的需要

随着高等教育体制改革的不断深入，我国出现了教育投入严重不足与教育规模迅速扩大而带来的教育支出需求量剧增的矛盾，同时也出现高校国有资产流失、浪费、低效的问题。这些严重影响了高校办学的质量与效益，制约了高校的发展。加强高校国有资产管理不仅是高校对教育体制改革的适应，而且是高校自身发展变化的需要。目前，高校为了适应教育体制改革，正处于一个关系再组合、利益再分配、权力再调整的变革过程中，出现了资产管理权属的变化：一是高校主管上级发生了变化，高校资产主管部门管理权属也相应发生改变，主要体现在资产管理权限的弱化；二是校与校合并、联合、共建或社会各界共同参与办学而出现的资产融合或资源重组。这必将产生资产管理问题，原有资源必须按照新的结构体制需求进行一定程度上的调配，从而使高校国有资产管理在变革中随着实际的变化作出相应的调整。

（三）深化高校内部管理体制改革的需要

目前，我国正在努力深化高校内部管理体制改革，并将之作为高校最重要的工作之一，这种改革与资产管理紧密相连，对高校资产管理提出了新的要求。第一，高校后勤社会化后，高校后勤与高校进行规范的剥离，剥离出来的高校后勤成为自主经营、自负盈亏、独立核算、自我发展的服务经济实体。这就必须对高校后勤所占用的设备、房屋等资产，进行登记、界定、评估、入账，严格做好高校后勤社会化后的资产管理工作。第二，作为高校内部管理体制改革关键之一的资产占有和分配制度的改革，要求在加强资产管理的前提下，实现生产要素与按劳分配相结合，克服因占用学校有形和无形资产的不同而造成高校内部部门的分配不公现象。第三，高校校办企业的转制对高校资产管理提出新的要求。高校对校办企业的资产管理要做到"产权明晰、权责明确、事企分开、科学管理"，这样才能使高校企业经营者有效地使用资产，并实现高校国有资产的保值、增值。

（四）高校减少浪费、提高办学效益的需要

高校管理者为了确保国有资产的使用效益，首先必须树立主人翁意识，勤俭节约，可以说节俭本身也是在创造效益，也只有这样，高校有限的财力才能发挥出更大的效益。其次必须当家理财、摸清家底，而这就需要高校国有资产管理。最后对高校教育资源进

行优化配置，对高校资产等进行计划、分配、协调等，实现高校办学的最佳效益，强化高校的资产管理职能，提高高校国有资产管理手段的有效性和科学性。当前，高校自身教育资源极其有限，资产购置资金大量投入暂时又很困难，因此高校资产管理就显得更为重要。

（五）高校资产自身特殊性的要求

就资金来源而言，高校资产的经费来源主要是国家教育事业经费。国家对高校经费的投入具有无偿性、保证性和消费性。虽然从实际需求看，国家教育经费的投入无法满足高校发展的要求，但从理论上讲，这笔不需还本付息、不发生增值的经费，其投入数额是以满足高校事业发展的需要为标准的。就核算方式而言，高校资产以收付实现制为结算基础，核算中以款项的实际收付为标准进行账务处理。较之企业的严格核算制度，高校资产的核算方式相对显得较为宽松。就高校资产的构成和使用而言，具有种类繁多、利用率偏低的特点。高校资产种类繁多、体系庞大，但受较为单一的用途与相当狭窄的服务范围的制约，资产能力往往大于实际需求，相当一部分设备和资产利用率很低，经济效益不佳成了高校的共性问题。就管理形式而言，高校的资产实行统一领导，分级分口管理或统一领导集中管理。高校资产来源的稳定性、核算方式的相对宽松，资产构成和使用的种类繁多、利用率低、管理形式的头绪杂等特点无形中加大了高校的资产流失的可能性。因此，分析高校资产所具有的特殊性是实行高校资产管理的基础。

三、高校资产管理的模式

（一）高校资产管理传统模式

随着社会改革步伐的加快，高校部分非经营性资产转变为经营性资产，因此，其延续多年的行政事业性固定资产管理模式也向着经营性和非经营性资产共存的多元化管理模式发展。这就促进了国有资产管理职能向资产界定、监督营运的方向发展，加快了资产管理部门的机构改革和重组。近两年来全国各高校纷纷对国有资产管理部门进行改组调整，据不完全调查统计，高校国有资产管理大体有以下三种模式：

1.保持原有机构、职能不变的模式

采用该管理模式的高校主要是国有资产数额较大、设备数量较多的学校。这类高校仍然保留或恢复了原有国有资产管理机构（如实验设备处、物资处、条件装备处等），其管理机构也基本上保持原有职能，即：①代表学校归口管理国有资产购置经费的申请、分配，采购计划的论证、制定、实施，验收、建账立卡等管理工作；②归口管理学校的六大类资产；③归口负责学校实验室人员的培养、使用、考核、职称评定的组织工作。这类管理模式由于职能繁多，涉及人、财、物的综合管理，所以队伍较为庞大。这类管理模式的优点是：国有资产管理部门提供从计划、购置直至管理的全程服务；在采购过程中易于实现集中采购，从而可享受到大批量购置的优惠政策；同时最大限度地避免了重复购置等引起的浪费和国有资产的无谓流失，管理工作容易理顺。缺点是人员庞大，机构臃肿。

2.国有资产管理机构重组、职能重新划分的模式

采用该管理模式的高校主要是国有资产数额适中、设备数量不太多的学校。这类高校将国有资产管理机构进行了重组，组建了如国有资产处（部）等。这类高校管理机构的职能也相应地发生了变化，将原来的实验室管理职能转交给教务处或科研处，将原来的采购供应职能转交给后勤部门或供应公司，同时将其他部门（如后勤部门）的资产管理职能纳入国有资产部门的管理范畴。国有资产管理机构主要负责国有资产管理，具体是：①按照国有资产分类进行管理，只管物，不管人；②归口管理教学、科研和行政资产购置计划的制定、论证、实施、招投标的组织工作；③归口负责国有资产的效益评价、考核、上报等工作；④归口负责有形资产购置经费的申请、分配、宏观调控等工作；⑤归口负责学校房屋的管理。这类管理模式的优点是：由于只负责国有资产的管理工作，职能相对较少，所以管理队伍精干、效率高。由于将房产纳入管理，能够统一管理整个学院的国有资产。因为将采购供应职能转交给后勤部门或供应公司，随着高校后勤社会化步伐的加快，后勤部门或供应公司对设备采购势必将实行有偿服务。这不仅享受不到批量购置的优惠政策，而且无形中要从设备经费中支付一部分后勤部门或供应公司的劳务费，造成经费的浪费；同时由于采购管理是两个部门，容易造成设备维修困难和国有资产的流失。

3.撤销原有机构、职能分散的模式

采用该管理模式的高校主要是国有资产数额不大、设备数量不多的学校。这类学校将原有的国有资产管理部门撤销，将原来的职能分散到其他职能处室，如教务处、科研

处、后勤管理处或校办公司等；在教务处或科研处下设实验室与设备管理办公室或设立科级建制，负责实验室和设备的管理工作，其职能主要是实验室和设备的管理；后勤管理处仍负责学校房屋的管理；而设备的采购供应职能则转交给后勤部门或供应公司，有些甚至转交给各设备使用单位。这类管理模式最大的优点就是：由于撤销原有机构，职能分散，从改革的角度看使机关职能部门得到了精简，管理人员也大大减少。然而，这类管理模式的缺点也很明显，由于职能的分散，这些学校的国有资产管理工作的地位有所降低，作用有所削弱；同时，也更容易重复购置等，从而造成经费的浪费和国有资产的无谓流失。

（二）构建高校资产管理新模式

构建高校资产管理新模式需要注意以下几点：

1.观念创新，推进预算管理与资产管理的有效结合

本着"经营学校"的理念，盘活存量资产，以依法理财的思想管理学校资产，突出资产管理的整体性原则和效率性原则。充分重视资产纳入预算管理的重要性，通过对资产的预算管理，克服资产的重复购置，调节闲置资产，做到物尽其用，提高经费使用效益，有利于杜绝资产管理中存在的重钱轻物、重购轻管的现象。

2.制度创新，建立科学合理的资产预算制度

高校非经营性资产与经营性资产的并存性及相互密切的关系，决定了高校资产管理的特殊性、复杂性。探索建立高校资产预算管理制度，把资产管理规范化、制度化，制定出系统的、可操作性强的资产预算管理执行及报告制度。严格区分高校非经营性资产和经营性资产，用制度规范非经营性资产的购建、有效使用、处置的行为和经营性资产的购建、保值增值及权益分配的行为。

3.体制创新，解决多头管理和责任主体缺位问题，实现资源整合

按照本金基金分流运行理论，可将高校的非经营性资产与经营性资产分开管理，以解决高校资产管理责任主体缺位的问题。

4.管理手段创新，借助计算机网络优势，实现资产的动态管理

建立资产网络化管理体系，变静态管理为动态管理，事后监督为事前审查和实时监控，逐步形成对资产的投入需求、形成方式、调节使用、审核报销、计价核算、处置报废等的监控模式，使资产从需求、购入、使用直至报废都处于制度的严密监督和管理之

下。同时借助网络优势，实现资产"账、卡、物"在不同部门之间的实时管理，从而保证资产证、账账、账实相符。

5.机制创新，实现高校资产效用的最大化

高校资产的所有者与管理者、使用者之间是委托代理关系。因此，需要借助代理合约，明确高校资产的所有者与管理者、使用者的权利和责任，建立一种有效的约束和激励机制，以实现高校资产效用的最大化。

（1）建立全程的核算和管理体系

借鉴国际经验，建立高校非经营性资产的折旧制度，从而解决资产的账面价值与实际价值相背离的问题。同时，加强非经营性资产转经营性资产的管理，规范高校非经营性资产转经营性资产的行为，完善收益分配制度，以资产权属为纽带，以完善的成本核算为基础，合理分配国家、集体和个人的利益。注重调动和保护投资者与经营者的积极性，在非经营性资产转为经营性资产后，既要努力通过生产经营实现最大限度的保值增值，又要在保障资产权益不受侵害的前提下，保障经营者的合法权益。

（2）建立资产管理与预算管理相结合的监督体系

建立科学合理的资产预算制度就是将资产管理和部门预算相结合,在充分分析单位资产现状及履行公共职能需要的基础上，解决单位需要购置什么资产、如何配置和处置资产等问题。实行部门预算后，按照预算管理的要求，各部门以实物资产为依据，根据任务的需要提出实物资产的增（减）计划，编制部门资产预算，通过项目支出和公共支出的资金物化形成资产。这有利于运用资产预算和统计报告对单位的存量资产进行分析，运用资产预算管理对资产的投入形成、调节使用、审核报销、计价核算、处置报废进行监控，从而保证单位资产的购置科学、配置合理、处置得当，最终提高单位的资产使用效率。

（3）建立可行的资产管理绩效评价

高校资产管理不仅仅是对国有资产的保全,更重要的是要提高公共资源的使用效率和效益。资产的绩效评价是对高校占有、使用资产的效果进行评定，主要评定其是否得到了合理配置、安全完整和有效使用。通过构建高校财务绩效综合评价体系，把高校资产纳入考核范围，以此来推动高校重视资产的使用率，促进高校改善资产管理工作。当然，加强高校资产管理，必须改革现行的高校财务管理制度、会计制度和资产管理制度。要进一步完善部门预算编制、执行、报告制度，引入科学的编制方法和编制手段，全面反映高校办学活动的绩效、成本和责任，树立全新的资产管理理念，努力构建与高校办学活动相适应的"产权明晰、权责明确、配置合理、运作高效"的资产管理体制。

四、高校资产管理存在的主要问题

随着我国高等教育事业的不断发展,高校办学规模的不断扩大,特别是"银校合作"以来,许多高校纷纷利用银行贷款投资建设新校区,高校所拥有的资产大幅增加。但同时也出现了资产监管制度不完善、管理不规范、资产使用效率低、资产价值失真等问题。因此,笔者认为,现阶段切实加强高校资产管理,充分利用和发挥其效能,对提高高校资产管理水平,促进高等教育事业发展有着重要的意义。

(一)宏观方面的问题

高校资产管理在宏观方面存在的问题主要有以下几点。

1.认识不足、观念落后、资产管理意识淡薄

我国高校大部分是公办性质,是事业单位。首先,高校主要通过国家财政投资建设而成,长期以来高校无偿地使用资产,不计提资产折旧,也不需要进行成本核算,导致部分高校负责人,对财务管理特别是资产管理和教育成本核算的重要性认识不足。其次,不少高校领导忙于学校的教学、科研和行政工作,忽视了高校资产管理工作,导致高校资产管理机制不健全、管理手段落后、管理工作缺乏科学性。此外,我国高校普遍存在重钱轻物、重购置轻管理、公物私用、重复建设、资源浪费的情况,使资产难以发挥其在高校教学科研中应有的作用,这也影响了学校的可持续发展。

2.管理制度不完善,资产流失严重

在我国,国有资产流失不仅是国有企业存在的问题,在高校中也有类似现象。特别是随着近几年高校扩招,办学规模的不断扩大,使得这一问题变得越来越严重。许多高校由于资产管理体制不健全,管理制度不完善和执行监督不力,资产流失状况令人担忧。首先是随意改变用途,部分拥有资产使用权的二级单位私自对外出租、出借学校的房屋、设备、仪器等进行经营活动,所得利益归部门所有,谋取小集体利益,但其耗损维修费用却由学校承担,造成学校资产流失。其次,对经营性资产缺乏管理。某些部门对转为经营性资产的资产不按有关规定进行评估检查,对出租、出借、转让的资产不按规定办理资产出租、出借、转入手续,甚至也不收取使用费用,使得资产被经营单位无偿占有

和使用，高校资产投入得不到合理的补偿。资产的安全性、完整性也得不到保证，更谈不上资产的保值增值，造成国有资产的流失。

3.管理机构不健全、职责不清、管理不到位

目前，大部分高校对资产管理实行的是以账物分管为原则的分类归口管理模式。如后勤管理部门管理房屋、建筑物；图书馆管理图书杂志；设备处管理设备仪器；财务处负责资产价值核算；等等。而各职能部门又分别归不同学校领导分管，学校的资产管理缺乏一个统一领导、统一管理、权力集中的综合监督协调部门。造成资产实物流动与财务核算相脱节，职能管理部门与各教学、科研等占有使用部门相分离的状态。这种条块分割的管理模式，使高校资产普遍存在账实不符、家底不清、资源浪费、资产流失等问题。

4.会计核算不合理，无法真实反映资产的价值

目前，我国部分高校仍采用收付实现制会计核算方法，反映在资产核算中还存在着一些不合理的地方，造成高校财务报表中普遍存在着虚增资产、成本核算不真、资产更新资金不足等问题。根据高校会计制度规定，资产只核算原值，不计提折旧。高校资产的财务核算仅设置"资产""固定基金"两个对应的会计科目核算资产的增减变动，资产的账面价值除了清理报废外，入账后数据一直不变。由于资产的账面价值只反映历史成本，使资产的账面价值与实际价值相背离，并使资产负债表中的账面余额不能反映客观情况，从而导致虚增净资产。这种会计核算方法既违背了会计核算的配比原则，也违背了会计核算的真实性原则。

（二）微观方面的问题

1.管理手段落后

高校资产管理手段落后主要表现在管理技术落后和管理方法落后两方面。

（1）管理技术落后

目前大多数高校都已使用计算机进行资产管理，但使用的软件主要以统计功能为主，侧重于数据库管理而不是业务流程管理。同时，许多高校使用的软件自成体系，只能独立运行和操作，无法与财务部门和使用部门连接实现数据共享，使资产管理、价值管理和资产使用缺乏统一管理。在当前互联网已普及的情况下，这种封闭式的管理软件显然不能适应信息化时代对资产管理提出的新要求。

（2）管理方法落后

目前大多数高校对资产管理的对象不加区分，不论类别、不分重要性都采取统一的管理方法，如对价值几十万元的教学设备和价值几百元的办公用品采用同样的管理方法，从而造成管理人员精力分散，不能有重点地关注重要资产的使用情况和动态，严重影响了资产的管理效果。

2.资产重复购置、利用率低

大多数高校对资产实行部门管理、无偿使用的管理模式，缺乏统一的调剂。各部门各系（部）、处（室）片面追求"小而全""大而全"，盲目攀比而不考虑自身的实际需要，其他学校或部门有什么仪器设备，也攀比购买什么仪器设备，而设备购进了却闲置不用或使用率较低，导致资产重复购置的现象普遍存在，这也造成了国有资产的严重浪费。另外，高校资产管理部门由于受管理水平的制约，无法充分掌握全校的资产分布状况和使用动态，对长期闲置或利用率不高的设备心中无数，也无法对各部门资产进行合理调剂，实现资源共享。此外，对请购计划审批不严也是造成高校资产重复购置、利用率低的原因之一。

3.管理制度不完善，执行制度不严格

第一，一些新购置的资产、接受捐赠的资产以及已竣工的基建工程不及时入账，特别是房屋和建筑物。由于基建会计实行单独核算，工程竣工结算和审计的滞后性，许多已交付使用的基建工程长期不能在资产中得到反映。

第二，有些使用部门对已报废的资产不及时办理财务核销手续。

第三，资产清查工作不到位。许多高校资产数量较大，资产管理部门人员和技术力量有限，往往不能彻底清查资产，使账实不符情况不能被及时发现。相关人员即使发现了账实不符的情况，也无法及时处理。

第四，资产管理部门与财务部门缺乏沟通，没有定期核对账务，导致账账不符的情况出现。同时许多高校对资产缺乏动态管理，不能及时掌握资产的变动情况和现时状况，导致国有资产流失。一些高校的教职工由于教学或科研的需要，长期占用学校的仪器设备和图书资料，在工作调动时物随人走，也造成资产的流失；一些高校教师错误地认为自己申请的科研经费是个人财产，从而将用科研经费所购的仪器设备和资料等据为己有；还有一些部门或个人则将国有资产私下用于对外教学、科研或租赁以获取部门或个人利益；等等。

4.忽视无形资产的管理和利用

高校作为知识型事业单位，无形资产是学校的重要资源。然而，长期以来高校普遍存在的"重有形，轻无形"的观念，使许多高校不重视无形资产，没有制定相应的无形资产管理制度，忽视对无形资产的开发、利用，造成无形资产的流失和浪费。一些在教学科研活动中形成的专利技术、非专利权技术和著作权等科研成果，高校负担了设备的损耗、人员的工资等诸多费用，应属于职务发明，理应纳入学校无形资产管理。但由于部分人员缺乏无形资产保护意识，往往为课题负责人个人私有，这些无形资产带来的收益自然也就成为个人私有财产。即使这些科研成果归学校所有，有些学校也缺乏有效的保护措施。由于这些无形资产的高技术性和保密性，除了课题负责人外其他人不能完全掌握，一旦课题负责人离开学校，由于没有严格的管理制度和有效的制约措施，导致长期研究和积累的无形资产被无偿带走。无形资产的取得固然重要，但更重要的是如何将科研成果转化为生产力，使之服务于社会。一些高校管理者缺乏市场观念和价值观念，对科研成果的时效性以及科研成果转化的急迫性认识不够，不重视无形资产的转化，随着新的科研成果的不断出现，高校拥有的无形资产的价值随之下降，甚至消失，这也造成了无形资产的浪费。

5.对外投资随意，干预过多却缺乏有效监督

随着市场经济的发展，目前高校对外投资也日趋增多，除了个别高校投资企业形成了规模外，大多数高校投资企业缺乏后劲。这种局面的形成除了市场竞争激烈的原因外，高校对投资的随意性，对投资企业干预过多、对投资缺乏监督也是重要原因。高校对投资企业的监督大多依靠内部审计部门，由于高校审计人员不熟悉企业经营和财务制度，对投资企业的监督主要停留在执行财经纪律和费用开支等基本层面上，对投资企业资本保值增值、资金结构的合理性和财务风险的程度等深层次问题无法进行有效监督。即使有这种监督也是事后的，导致在投资企业运行过程中难以及时发现存在的问题。

五、高校资产管理的发展策略

（一）切实提高对资产管理工作重要性的认识

思想是行动的指南。要把高校资产管理好，必须树立正确的思想。一是要提高认识，强化管理，这样不仅有助于消除混乱，还能保证效益，更能创造效益。无论是于国还是

于己，从领导到基层职工都必须意识到管理好资产的重要性和必要性。二是要实行校领导全面负责制，分管领导主要负责制，管理者和使用者直接负责制，将责任落实到具体部门和有关个人，明确相关责任人的责任，强化其管理意识。只有管理意识提高了，才能管好、用好资产，使其保值、增值，发挥其最大的使用效益。

（二）健全管理制度，完善管理体制，防止高校资产流失

制度化、规范化、科学化的资产管理制度是提高高校资产管理水平的制度保障。

各高校应按照"统一领导，分级管理"的管理模式，建立有权威性、独立性的资产管理机构，代表学校监管各级各类资产。如财务部门负责资产的价值核算，设置数量、金额总账，进行总量控制，掌握资产总值，实行财务监督，进行一级管理；资产归口管理部门负责对教学仪器设备、房产及建筑物、行政设备、图书等实物进行二级管理；实物的具体使用部门则进行三级管理，建立资产管理台账，依账放置，准确反映资产去向，保证资产的安全和完整。各级管理部门应明确责任，相互制约。同时，利用信息技术按照管理要求建立资产数据库，全面、完整地记录学校各类资产的管理信息，准确、及时地反映资产的增减、调配等变动情况，使各部门之间实现信息共享，利于财务核算部门、归口管理部门、使用者之间的协调与沟通，提高管理质量，并为学校高层管理者决策提供参考依据。

建立定期的清理盘点和资产核销制度。资产盘点是资产实物管理的一个重要环节，学校要根据自身的实际情况制定严格的、可操作的实物盘点制度，及时掌握资产损溢情况，并按规定程序进行账务处理；对报废、调出、依法转让的资产要严格履行审核程序，如实进行资产核销的账务处理，准确反映资产实际情况，真正做到资产的家底清、账实相符。同时，根据损失情况，对造成资产损失的有关责任人进行责任追究。

（三）构建信息化管理平台，实现全过程的动态管理

加大对现有高校资产管理系统信息化开发的经费投入，并充分利用先进的管理软件。对所有资产进行从购置到报废的全程动态管理，实时记录资产增减、调配等变化情况，及时掌握资产的采购、使用、处置以及结存等具体情况。

利用校园网实现网络化管理，通过建立资产管理网络平台，实现资产管理部门与财务部门和各使用部门的对接，使各级管理部门可以随时了解每个部门资产使用、变动情

况，以充分利用现有仪器设备，避免资产重复购置，实现资产的合理流动、资源共享。另外，资产管理部门和财务部门要保持充分的协调与沟通，以使资产账账相符。

对资产按重要性加以分类，实施差别管理策略，提高管理效率。于价值高、对教学科研有重要影响的资产，资产管理部门应派专人负责管理和维护，并随时关注其使用情况和维护状况；对于价值较高、对教学科研有较重要影响的资产，资产管理部门应定期检查其使用情况和维护状况。这两类资产应列入年末资产清查的必查项目。其他价值较低、重要性一般的资产可委托使用部门进行管理，年末清查时由使用部门自查，资产管理部门随机抽查。

（四）加强无形资产管理

完善无形资产管理制度，明确职务发明所有权的归属问题，明确科研成果的保密责任；建立健全无形资产管理的内部控制制度，制定切实可行的制约措施；加强对教职工特别是科研人员的宣传教育工作，强化教职工对无形资产的保护意识；设置专门的管理机构，实行"统一领导、归口管理、分级负责、责任到人"的管理体制。同时，无形资产管理部门要做好无形资产的档案整理工作，避免人才流动造成无形资产的流失；财务部门要增加对无形资产的价值核算，增强各级管理人员对无形资产管理的责任意识；审计、监察部门要监督无形资产内部控制制度的执行过程，防止利用无形资产牟取私利等行为的产生。另外，科研成果绝不仅仅是实验室里的研究，而需要转化为推动经济社会发展的现实动力。因此，要重视科研成果的转化工作，建立科研成果转化业绩的考核和激励制度。通过有偿转让、投资入股等方式，使科研成果迅速转化为生产力，实现高校的社会服务功能，为学校的教学、科研增添动力。

在加强对有形资产管理的同时，必须十分重视对知识产权、专利权等无形资产的管理。高校要在教职工中广泛开展无形资产的宣传、教育工作，将与无形资产有关的法律、法规作为普法教育的重要内容，以使教职工树立保护学校无形资产的意识。作为高校资产管理中的新课题，无形资产的管理内容主要包括以下三方面内容：

1.无形资产的确认

科学合理地确定无形资产的产权归属，是高校对无形资产管理的首要课题。一般而言，高校可通过以下三种方式获得无形资产：一是自行开发研究取得无形资产，二是购入无形资产，三是无偿取得无形资产。高校一般可以通过接受个人或单位的捐赠，以及国家划拨等形式，无偿取得无形资产。

2.无形资产的计价

无形资产的计价是指以货币为计量单位确定其价值或成本，这是高校进行无形资产管理的基础工作。高校无形资产的计价主要有两种方法：一是对自创或购入的，按实际成本计价，以确定其原始价值；二是在使用无形资产进行对外投资、转让使用权或所有权时，通过评估确认价值，并以评估价值为依据，确定交易价格。

3.无形资产的转让与投资

为充分发挥无形资产的作用，高校应采取行之有效的方法，通过以无形资产进行对外投资及有偿转让无形资产使用权或所有权等方法，实现经济效益和社会效益的双赢。

（五）建立有效的投资管理与监督机制

高校可根据相关法律规定，依法组建法人独资的国有资产经营公司管理对外投资。资产经营公司不设股东会，董事会行使股东会职权。高校以出资人身份向资产经营公司派出董事会和监事会成员。董事会可以聘请外部独立董事。董事会设董事长一人，可由分管产业的校领导兼任，校领导在资产经营公司兼任职务不得领取薪酬。监事会负责人由学校指定。资产经营公司的主要负责人由董事会聘任，高校按干部管理程序考核。资产经营公司的主要任务是：持有和管理公司投入企业的股权，依法行使股东权利，履行相应义务；加强对所投企业股权的监管，确保国有经营性资产的保值增值；孵化科技企业，实施高校科技成果转化和产业化；根据需要，统筹管理和整合有关资源，推进科技产业优化组合。在投资决策阶段，资产经营公司应完善投资决策的内部控制制度，避免"一言堂"；应聘请有投资经验的专家组成决策小组和评估小组，由评估小组对投资项目的可行性和风险程度进行充分的调查论证，并形成可行性报告，再由决策小组集体决定是否投资。在投资运行阶段，资产经营公司要按照现代企业制度的要求，建立规范的产权关系和法人治理结构，业务独立，独立核算、独立承担责任和风险；高校要避免对其日常经营决策的干预，要依法对投资企业的经营情况和财务状况实行监督、检查，重点关注资本的保值增值、企业的经营风险和财务风险等方面。在投资回收阶段，高校应建立投资撤出机制。在保证国有资产的保值增值和学校利益的前提下，资产经营公司发展成熟后通过正常的股权交易，把所占的股权进行部分出让，实现企业发展的动态平衡，形成把研究转化为成果、由成果衍生出企业、以企业的收益支持科研的良性循环。

六、构建 21 世纪高校资产管理体系

进入 21 世纪以来，新一轮科技革命和产业变革正在重构全球创新版图、重塑全球经济结构，科学技术从来没有像今天这样深刻影响着国家前途命运，从来没有像今天这样深刻影响着人民生活福祉。因此，高校需要不断改革和创新，以适应新的形势。资产管理一直是高校建设的一项重要工作，随着高校总体管理水平的提高和资产规模的扩大，探讨面向知识经济时代的高校资产管理体系是很有必要的。构建 21 世纪高校资产管理体系，需要注意以下几点：

（一）管理思想从保守向开放转变

在传统的高校资产管理模式中，学校与市场隔绝。21 世纪以来，社会大环境发生了根本性的变化，但是有些高校的资产管理观念还不能完全适应新形势的变化，如市场、竞争、成本、效益等意识不强，重钱轻物，重供轻管等。因此，高校应适应经济发展需要，解放思想，转变观念，特别是学校各级领导要摒弃墨守成规、仅靠行政手段管理的做法，解放思想，大胆探索，将市场、效益、竞争机制引入高校资产管理工作中。

1.市场观念

随着知识经济时代的到来，高校资产管理模式要随之改变，这就要求高校各级领导树立市场观念，通过学习经济理论和不断实践，掌握市场经济的内涵、基本特征和发展规律等，正确认识市场经济对高校资产管理的积极作用和消极影响，从而遵循高等教育发展规律，采取相应措施。

2.信息观念

随着科学技术的进步，信息在人类社会生活中的作用日益重要。信息已成为领导决策、参与竞争、科学研究、工作咨询的重要因素。因此，在新形势下发展高校资产管理，必须增强信息意识，并具有捕捉信息的敏锐性、处理信息的技巧性、运用信息的灵活性和交流信息的开放性，在把握信息的过程中，创造机会，预见未来，赢得成功。

3.效益观念

效益观念是人们在经济活动中用降低投入、增加产出的方法对盈利的追求和态度。效益是指经济活动中投入的资源、费用与产出的有用成果的比率。如果产出高于投入而有盈利，就有效益；如果产出低于投入而出现亏损，就没有效益。为了提高效益，人们

总是考虑如何以最少的投入取得最多的产出，以增加盈利，这就是效益观念。在市场经济条件下，只有树立强烈的效益观念，才能在竞争中立于不败之地。加强管理，优化高校资源配置，提高办学效益，发展教育事业，需要大量的经费支持。当前教育经费严重不足，这也制约了高校的发展。解决经费问题，一方面靠国家发展经济，加大对教育事业的投入；另一方面需要学校加强管理，深化改革，优化资源配置，向管理要效益，向管理要质量。因此要树立投入和产出的效益观念，充分认识到高教资源使用效益的重要性，促进高校办学质量、办学水平和办学效益的不断提高。

4.竞争观念

随着高校资产管理与社会联系的市场化，高校之间的竞争逐渐激烈，这种竞争是多方面的。因此，高校要树立竞争观念，增强竞争意识，同时还要积极参与竞争，并善于竞争，从而实现更好发展。

（二）管理方法由传统型向现代型转变

当前高校资产管理还存在许多问题，如重复购置，资产利用率低下，闲置积压的现象得不到有效遏制；资源配置不尽合理，造成不必要的损失浪费；各部门管理方式、管理水平参差不齐，负责全校物力资源统筹管理的责任主体缺位；管理方法僵化、手段落后等。因此，必须转变管理方法。

1.将市场经济中的成本核算、效益管理等经济手段引入高校管理

通过成本核算和效益分析，有助于弄清资源配置现状，使侵占、滥用和闲置资源的问题暴露出来，以便管理、调控。

2.制定高校物力资源配置指标体系

建立以投入和产出为主线的多项资产效益动态指标，以便衡量高校物力资源配置的合理性。指标体系至少应包括三部分内容：一是反映直接用于教学科研的物力资源配置结构指标，如生均使用教室、图书馆、实验室面积，仪器设备生均额，年维持费用与仪器设备总值之比等；二是反映直接用于教学科研的物力资源使用效益指标，如利用率、完好率等；三是反映物力资源管理能力的指标，如规章制度、资源账目、无形资产、知识产权等。

3.加强仪器设备采购管理，规范采购行为

资产管理部门负责采购管理，要强化监督制约机制，建立必要的咨询报价、审核验

收制度，明确采购方与使用方的相互监督权力。大力推广集团采购和招标采购方式，增加采购工作的透明度。

（三）管理手段从单独型向网络型转变

随着学校总体管理水平的提高和资产规模的扩大，资产管理也处在不断的改进之中。资产管理模式分为以下两类：手工管理模式和计算机管理模式。以前，资产管理的整个过程完全采用手工管理。手工管理有两个突出的问题：一是数据查询困难，统计要耗费大量的时间和人力；二是账卡的安全存放的问题，即使有少量账卡遗失、损毁，都将给管理工作带来较大麻烦。随着信息技术的发展，计算机管理实现了对管理信息的任意查询，将统计工作从繁重的手工劳动中解放出来，这也使数据存放的安全性得到大大改善，从而使资产管理的效益有了较大提高。高校建设发展迅速，资产规模急剧增加，资产管理人员的工作压力也越来越大。利用网络为科研人员与广大师生提供仪器设备等的实时信息已成为一种迫切的要求。为此，应利用优越的校园网硬件基础和技术力量，创建高校资产管理信息系统，将学校各项管理工作提到一个新高度。

第二节　高校票据管理

我国高校的收入来源主要是财政拨款和事业收入。但随着教育事业的发展，高校收入来源呈多样化发展趋势，社会捐助和经营性收入也成为高校的收入来源。与高校收入的核算息息相关的是票据的正确使用，但在现阶段高校票据管理中仍存在着一些问题。本节对高校票据管理的问题进行分析，并提出相应对策。

一、高校使用的票据类型

以 G 高校为例，目前其使用的票据主要分为以下几种：

（一）行政事业单位资金往来结算票据

根据《行政事业单位资金往来结算票据使用管理暂行办法》《财政部关于行政事业单位资金往来结算票据使用管理有关问题的补充通知》《关于进一步加强行政事业单位资金往来结算票据使用管理的通知》，行政事业单位资金往来结算票据是指国家机关、事业单位、社会团体、经法律法规授权的具有管理公共事务职能的其他组织机构发生暂收、代收和单位内部资金往来结算等经济活动时开具的凭证。行政事业单位资金往来结算票据主要用于行政事业单位暂收、代收款项，如暂收保证金、代收水电费等，以及非国库集中支付来源的财政性资金。同时规定了通过国库集中支付方式取得的财政性资金、纵向科研课题经费可凭银行结算凭证等入账。

（二）非税收入票据

非税收入通用票据是指在行政事业单位依法收取政府非税收入时开具的通用凭证。非税收入票据包括大中专院校缴费收据、非税收入通用收据（手工）、非税收入一般缴款书等。大中专院校缴费收据用于收取学生学费、住宿费，以及与学费同时缴纳由学校代收的教材费、基本医疗保险等；非税收入通用收据（手工），用于开具物价部门批准的收费项目，如大学英语四六级考试费等；非税收入一般缴款书，用于直接上缴国有资产处置收入等，还可用于其他非税收入的集中汇缴。

（三）增值税普通发票

根据国家税务总局《关于全面推进营改增试点分析工作优化纳税服务的通知》的要求，G高校于2016年7月启用增值税普通发票，用于开具研发和技术服务、鉴证咨询服务、承办文化、体育活动、比赛、会议等收入。

（四）公益事业捐赠票据

公益事业捐赠票据是指各级人民政府及其部门、公益性事业单位、公益性社会团体及其他公益性组织按照自愿、无偿原则，依法接受并用于公益事业的捐赠财物时，向提供捐赠的自然人、法人和其他组织开具的凭证。

二、高校票据管理存在的问题

仍以 G 高校为例，G 高校设置票据管理岗位，由专人负责票据的领购、发放、归档以及政策解答等工作。笔者在对 G 高校票据管理工作进行总结分析后发现，G 高校票据管理存在以下几个问题：

（一）开票点较多，票据使用人流动性大

由于收入来源广泛、财务处人手不足，部分收入的收取及票据的开具采用在其经办部门设立开票点的方式，但这些开票点的票据使用人常常不能由固定人员担任，人员流动性大，且大多数不具备财务方面的专业知识，开具票据时常出现开票信息不完整、对票据内容进行涂改等问题。此外，对票据保管不当造成票据遗失的现象也时有发生。

（二）对票据使用人培训不到位

开票点根据用票需求在财务处领用票据后，由票据管理员向票据领用人讲解票据使用规范，但这种讲解取得的效果往往不甚理想。原因如下：一是领用人对票据管理员的讲解一知半解，对重要注意事项未完全掌握；二是票据领用人与票据使用人有时不是同一人，票据领用人在向票据使用人转述票据使用规范的过程中，难免出现信息偏差的情况；三是由于没有系统地学习《财政票据管理办法》等规章制度，票据使用人对票据应当按照规定填写等事项认识不足，重视不够，在开票时往往容易出错。

（三）对票据管理政策理解不透彻

我国对各类票据的使用管理出台了相应的管理办法，但票据管理员、票据使用人、会计人员等，对管理办法中的政策了解得还不够透彻。如对管理办法中已经明确凭银行结算凭证入账的收入，如高校之间、科研院所与高校之间发生的不涉及应税资金的科研课题经费，仍有单位要求开具收据。再如，由行政事业单位汇入的承办培训等服务性收入，因对方单位为行政事业单位就开具行政事业单位资金往来结算票据，而未认清收入的本质是购买服务，应开具增值税发票。

三、解决高校票据管理问题的对策

（一）加强政策学习

会计人员、票据使用人、票据管理员等应加强对各类票据管理办法的学习，尤其是票据管理员，应能熟练解答票据相关问题，遇到新情况新问题，应及时向财政、税务等票据主管部门请教学习，积极与其他高校同业人员交流沟通，参加票据管理相关培训、研讨会，更新票据知识储备。

（二）加强培训

高校应对票据使用人进行系统培训。培训内容应包括各类票据管理办法、票据开具的实践操作等。如果票据使用人岗位出现人员变动，应先对其进行培训再让其上岗。

（三）票据开具应以机打票据为主，手工票据为辅

在实际工作中，手工票据是最容易在开具时出现错误的票据种类，如开票金额大小写不符、对票据内容进行涂改等。因此，在有条件的情况下，应优先使用机打票据，并配合使用票据管理软件。应在票据管理软件中预设开票名称、项目编码等基本信息，避免开票信息不完整；输入金额时由软件自动生成大写金额，避免出现开票金额大小写不符的情况；将常用付款单位信息储存于软件中，避免重复输入时出现信息出错。

（四）推广电子票据

2013 年国家税务总局颁布《网络发票管理办法》，由此电子票据正式亮相，近年来，电子票据得到了迅速发展。2017 年财政部印发了《关于稳步推进财政电子票据管理改革的试点方案》，标志着财政票据也将迈入电子票据时代。电子票据与纸质票据相比，电子票据除了在开具时具有机打票据的优点，还有更易保管、查询、调阅等好处，电子票据开具后，可随用随打印，也不用再担心票据丢失问题。

高校应加强对票据管理工作的重视，将其作为内部控制中的重要环节。优化票据管理流程，查漏补缺，可以让票据管理工作更规范，让财务管理工作更好地为教育事业服务。

第三节　高校财会人员管理

时代越是向前，知识和人才的重要性就愈发突出，教育的地位和作用就愈发凸显。要推动高等教育高质量发展，就需要健全高校财务管理体制，完善高校财务管理运行机制，提升高校财务管理水平和服务质量。要想保证高校财务管理作用的全面发挥，必须重视高校财会人员在高校经济管理工作特别是财务管理工作中的核心作用和关键因素。但目前我国部分高校忽视了财会人员在高校财务管理中的关键作用，财务选人用人不当，财会人员水平较低、素质较差，这严重阻碍了高校财务管理水平的提升。因此，我国高校要改善财会人员选人用人机制，健全高校财会人员管理机制，使其既能适应知识经济发展需求，又能促进教学科研事业的发展。

一、当前我国高校财会人员存在的问题及原因

目前我国高校财会队伍中，财会人员整体素质不高，知识层次、学历结构和业务水平参差不齐。有的财会人员并未经过系统的财会专业知识的培训，甚至个别财会人员根本不懂账务，只是经过熟人介绍转行而来的人员。这些财会人员没有过硬的财务专业知识，财经法纪观念不强，在工作中，记录混乱，账证不符，账实不符，收支凭证内容不合法，手续不健全，甚至涂改、挖补凭证等。同时因高校经济业务相对简单，有些学校领导对会计基础工作也不够重视，忽视了学校会计人员的业务学习和会计知识的更新换代，也不重视会计人员的政治思想教育、业务培训，也让个别根本不具备从业资格的人员混进财会队伍。此外，思想教育培训、业务培训等流于形式，致使部分会计人员监督意识不强，法治观念淡薄，缺乏职业风险意识，职业判断能力不高，自我管控能力较差。

二、提高高校财会人员素质的措施

由于岗位的特殊性，财会人员应具备较高的道德素质和业务能力。因此，高校领导应高度重视财务工作和会计人才，把加强财会人员培训、管理、考核、监控，提高财会队伍的整体素质作为强化高校财务管理的重要任务来抓。要想提高高校财会人员的素

质，需注意以下几点：

（一）严格把好人员关，建立健全科学有效的选人用人机制

高校财会人员作为教育资金安全最有力的保障后盾，作为高校教育资金使用支付的最后一道防线，其综合素质、职业道德素质的高低，会计理论知识水平和账务处理技能的高低对高校财务管理水平和资金安全完整等起到至关重要的作用。高校财会人员掌管着学校的经济命脉，是学校全面预算、资产管理和内部控制等得以严格执行的核心，是国家财经法纪和学校规章制度得以贯彻落实的关键，因此必须建立健全科学有效的的选人用人机制，注重培养一批高素质专业化的复合型会计人才。

首先，把好选人关。高校可根据自己的情况制定学校财会人员选拔任用及奖惩规定及其实施细则，把优秀的财会人员选拔到财务部门。选拔时，"德"是第一，"才"居其次，要选拔那些政治立场坚定，道德情操高尚，会计理论全面，政策法规熟，责任意识强，服务意识浓，动手能力棒，敢于讲原则，勇于做实事的财会人员；避免任人唯亲、任人唯听，把那些经过特殊关系进来但不懂财务会计的人员和财经纪律意识淡薄，缺乏应有的职业道德，工作不讲究规则、程序、手续，只凭习惯、经验办事的会计人员彻底清出财务部门。

其次，把好用人关。高校在安排财会人员的工作岗位时，一定要针对个人的才能和特点将其安排到适合其能力发挥的岗位，尽可能做到任人唯贤，使"人尽其才，才尽其用"。把那些有强烈的事业心、责任感，工作积极，认真细致，乐于奉献，任劳任怨，勤勉尽责，不计较个人得失，具有较强的开拓进取精神，准确掌握、严格贯彻国家及学校有关各项财经法纪、政策、方针、规章及制度，并能正确、高效地处理、管理事务，办事公道，敢于负责和坚持原则的财会人员安排到关键岗位。此外，高校还可引入竞争机制，实行奖优罚劣、优胜劣汰，以改变消极怠工现象，引导财会人员充分发挥自身的积极性、主动性。

最后，把好轮岗关。高校财务工作一个最大特点就是虽然业务量大且烦琐，财务人员的大部分工作时间都用于整理、分析数据。财务轮岗是积极可行的、有效的，这一办法不仅可以提高单位财务人员的整体素质，培养全面的通才，使各个财务人员都在这一制度中学习到实际的财务实操知识，提升自己的能力，而且还能有效地遏制单位财务部门内部的经济舞弊问题的产生。

（二）加强法规道德教育，强化业务培训和指导，全面提升财会人员综合素质

随着社会的发展，各种新情况、新问题层出不穷，要使财会人员具有良好的职业道德和较高的业务处理技能，就必须定期对会计人员进行法律法规知识、职业道德观念和财务管理制度、方法和措施的培训，强化业务规范和指导，及时总结、发现、分析财务工作中出现的新情况、新问题，通过书面文件把报销审核注意事项、账务处理注意事项、会计业务处理规范流程和经济业务归类标准和要求等整理出来并加大宣传培训。高校应当把规范、培训、考核、使用等诸环节紧密结合起来，引导财会人员在财务会计工作中应用现代化的信息技术手段，确保财会人员的法规意识、道德修养和专业素质得到加强和提高。

（三）明确职责权限，注重内部控制，确保财会人员分工明确、团结协作

高校在选用财会人员时，要做到任人唯贤，使"人尽其才，才尽其用"。此外，高校要确保财经法规纪律的全面贯彻落实，明确财会各岗各人职责权限，实行不相容职务分离，强调分工协作，强化内部稽核督查，注重内部牵制。

首先，高校应当健全内部会计控制体系，明确学校领导对会计工作的职责，明确会计机构以及会计机构负责人的职责，明确财会人员的职责，明确会计机构与其他职能机构的分工与关系，健全会计岗位责任制度，确定财会人员工作岗位的设置、各岗位的职责和工作标准、各岗位的考核奖惩办法等。

其次，高校应当注重内部控制，强调分工协作，规范内部业务处理流程，明确业务处理标准和要求，加大内部稽核督查，实行不相容岗位和不相容职务彻底分开，保证一人完成的工作必须要有两个或两个以上的不同岗位的人员自动进行稽核检查。

最后，高校应当采取措施坚决维护财会人员的合法权益，大力支持财会人员守法护法行为，避免财会人员被打击报复，并建立健全检查、考核、评价、奖罚制度，将其与岗位资格、聘任专业职务、提职、晋级等结合起来，通过奖优惩劣，促使财会人员增强责任感，注重工作业绩，遵纪守法，使财会人员无论在任何情况下，都不丧失原则，不图谋私利。

（四）健全考评制度，重视激励机制，加大奖惩力度，为切实提高账务管理水平提供制度保障

高校应结合本校具体情况，建立健全切实可行的财会人员工作考核机制和科学的激励机制，重视评价结果，加大奖惩力度。财会人员工作考核机制是对高校财会人员实际工作业绩的评价标准、评价措施和评价程序作出详细、明确规定的一种制度，是对高校财会人员既定行为的一个定性、定量的评价标准，既为高校人员管理提供指导性方向和目标，又为评价高校财会人员业绩提供依据和标准，是高校财会人员管理的关键环节，也是工作量最大、难度最大的环节。在这个环节中，不管是学校高层管理者还是一般的职工都能够发现高校财会人员管理中存在的缺陷。可见，该环节的工作影响着整个财会人员管理的效果，因此要进一步完善学校财会人员工作考核机制和激励机制。

1.必须明确财会人员工作考核什么

高校建立健全财会人员工作考核机制的主要目的是防止、发现或纠正财务工作中可能出现的错误和舞弊行为，以保证高校的资产安全完整，维护国家的利益。因此高校财会人员工作考核机制应该围绕高校的财会人员管理制度是否完善、健全，是否得到了积极、严格的贯彻执行，是否有效防止、发现、纠正了高校财会人员在财务工作中可能出现的错误和舞弊行为来进行，即考核高校财会人员管理制度的健全性、有效性。

2.必须明确由谁来考核

要保证工作考核的客观、公平、公正及权威性，考核必须由具有相对独立权限的机构来负责。该机构应直接由分管副校长、副书记垂直领导。例如，可以建立一个由分管副校长或副书记为主要负责人，由学校财务部门、纪律检查委员会、监察审计部门、资产管理部门等部门领导为成员的"财会人员考核小组"，并赋予其独立的、专门对财会人员进行监督与考核评价的权力，以使其能正确、及时地完成使命。

3.必须明确如何考核

一是必须明确考核标准。高校财会人员考核标准的制定是高校财会人员管理制度有效实施的关键，又是衡量高校财会人员管理制度实施效果的依据和准绳。没有切实可行的考核标准，考核就可能流于形式。因此，高校有必要投入一定的人力、物力、财力，由权威部门建立一套完整的、公认的高校财会人员考核标准，使高校财会人员考核有章可循。二是必须明确考核方法。在实际工作中，常用的考核方法有面对面的直接口头汇报、正式的书面文字汇报、直接观察、抽样检查、问卷调查、集中座谈等。三是必须深

入基层，详细了解实际情况，实事求是，切忌只凭下属的汇报做判断。此外，检查时切忌走过场、搞形式。

4.必须明确考核结果如何奖惩，即充分发挥激励机制的引导作用

高校财会人员考核工作完成以后，考核部门应形成书面的高校财会人员考评报告，详细说明本次考核涉及的范围、所用的方法、存在的问题及缺陷、改进措施、奖惩建议等。同时报经校长办公会、党委办公会批准后，对相关当事人给予相应奖励或惩罚：对严格遵守和执行高校财务管理制度的部门和人员，给予表扬，加薪晋级，甚至升职；对于违反高校财务管理制度的部门和人员，给予通报批评，减薪降级，甚至撤职或辞退。只有建立科学合理的财会人员约束与激励机制，通过业绩与工薪挂钩等形式，才能使财会人员的利益与学校的长期发展相结合。

5.健全高校财会人员选人用人机制，加大财会人员管理与培训力度，提升财会人员整体素质

这可以突出财会人员在高校经济管理工作中的作用，保证财会人员正确履行工作职责是建设现代化高校财务的关键所在。要把财会人员管理与培养作为高校经济管理的一项长期工作，才能确保高校会计信息的真实、合法，才能真正发挥财会人员"管家理财"的作用，为建设高水平现代化高校添砖加瓦，促进高校健康可持续发展。

第四节　高校内部审计管理

随着经济全球化和区域经济一体化不断推进，我国高校内部审计面临前所未有的机遇与挑战。面对新形势、新任务，我国高校内部审计只有以更坚定的信念除旧革新，用崭新的姿态迎接高等教育综合改革，才能够充分发挥审计的制约作用和促进作用，为我国高校健康可持续发展保驾护航。

一、强化高校内部审计的必要性

当前我国绝大部分高校都设置了内部审计处级机构——监察审计处,配备了内部审计专职人员,对高校经济活动的合法合规性和廉政建设确实起到了一定的作用。一是制约作用。高校内部审计利用其特有的功能对其内部各职能部门和高校整体的财务收支情况、预算执行情况、内部控制执行情况及相关经济管理活动开展情况进行监督、检查,发现并揭发现实经济活动中存在的贪污舞弊、弄虚作假等违法违纪行为,并依法对相关责任人员、违法违纪人员予以相应的批评、处罚。这样既惩处了违法违纪人员,纯洁了干部队伍,又警示了想要违法违纪的人,使广大职工从中受到深刻教育,促进党纪国法、规章制度等的贯彻执行,保护国家财产的安全完整,促进高校健康可持续发展。二是促进作用。高校内部审计通过揭示经济活动中存在的问题和管理制度上的薄弱环节,提出改进建议和措施,促使高校进一步规范会计核算,健全规章制度,提高管理水平和资金的使用效益。

当前,由于高校内部审计范围不全面、措施不到位、力量不强大、处罚不严重等,高校内部审计只是基本发挥了制约作用,而促进作用基本没有发挥。随着社会经济的快速发展,经济问题层出不穷,高校内部审计承受着前所未有的压力和重担。只有强化高校内部审计,进一步改革高校内部审计体制,健全内部审计规章制度,规范内部审计管理,全面突出内部审计的独立性和权威性,充分发挥内部审计的制约性和促进性,才能促使各级领导干部不断增强法治意识和经济责任意识,增强严格执行财经法纪的自觉性,才能为高校长治久安、健康可持续发展保驾护航。

二、高校内部审计存在的问题及原因分析

由于内部专职审计人员缺乏,审计规章制度不健全,审计意识不到位等,我国高校内部审计工作开展不全面,审计质量不高,难以全面发挥内部审计在高校快速发展中的作用。

（一）部分高校内部审计存在的问题

1.预算审计不到位

首先，高校内部审计没有全程参与本校部门预算、综合财务预算等的编制工作，没有履行对预算编制进行全程监督的职责。高校部门预算、综合财务预算等的编制全由高校财务部门说了算，校内没有任何组织机构对其编制的合理性、科学性、可行性、完整性进行评价。

其次，高校每年的部门预算和综合财务预算执行情况分析、评价都是财务部门负责，高校内部审计部门每年都向本校财务部门索要预算执行情况分析报告和数据。如此可以看出，高校内部审计部门根本没有履行对预算执行过程进行监督、评价的职责，根本不能发现、纠正预算执行过程中存在的错误与舞弊行为，无法指导、督促高校预算的执行。

最后，高校每年的年终决算也由高校财务部门负责。高校财务部门负责对部门预算、综合财务预算等执行情况进行最终的分析、评价，内部审计部门对此不闻不问，即便是过问，也是到财务部门要数据，简单确认预算是否超支，没有履行监督、评价的职责，更不会考虑考核奖惩。

2.经济责任审计不规范

经济责任审计是指由独立的审计机构和审计人员依据党和国家的方针、政策，财经法令、法规、制度，以及计划、预算、经济合同等，对经济责任关系主体经济责任的履行情况监督、审查、评价和证明的一种审计方式。对本校正处级干部调动或离任进行经济责任审计是高校近年来最为频繁和突出的审计业务。高校开展经济责任审计的目的是分清经济责任人任职期间在本部门经济活动中应当负有的责任。经济责任审计无论是在保护高校资产安全完整方面，还是在促进高校廉政建设方面都发挥了极大的作用。但因缺乏完整的经济责任审计评价体系，评价标准不适当，评价范围不全面，内部审计力量较薄弱，人为意识太浓和审计资料残缺不全等原因，高校内部经济责任审计有时对人不对事，有时走走过场作作秀，加上都是事后的"处级审处级"和掺杂了各种人为因素，往往不太规范，最终审计结果要么定责不准，要么定责模糊，要么定责不服。

3.工程审计不科学

随着在校生越来越多，规模越来越大，高校基建工程、改扩建工程也越来越多，每年高校内部的房屋修缮维护工程也逐步增多，高校内部审计顺应时势需要也需要开展工程审计。但因高校内部审计缺乏工程审计专业方面的人才，相关人员缺乏工程审计专业知识和经验，且没有全面参与整个工程的施工过程，仅以工程结算阶段施工方报送的工程预算报表和相应施工资料为依据，简单地以工程概预算为标准开展工程完工后的审计，对追加的工程预算简单地以领导批字为认可标准，从而使得高校内部工程审计重形式走过场，工程审计程序极不规范，审计方法极不科学。

4.内部控制审计不在岗

从高校现有内部控制来看，其已全面涵盖了全校所有教学科研、教辅后勤和行政管理活动，涉及每一个业务环节。高校设置内部审计的主要目的是通过内部审计对内部控制制度的健全完整性、内部控制执行的严格遵从性、内部控制执行效果的合理有效性进行审计，以及时防止、发现、纠正存在的缺陷、漏洞和违反内部控制或凌驾内部控制之上的不良行为。但是由于高校本身缺乏严格有效的内部控制管理体系，加上内部审计部门人少事多等因素，部分高校内部审计根本没有对本校的内部控制设计、执行情况及执行效果进行审计，内部控制审计根本不在岗。

5.绩效审计难落实

建立健全高校教育资金绩效审计与评价是新形势下高校经济管理科学化、精细化的必然要求，是建设高校效能机关的重要抓手，是转变机关工作作风和治理腐败的核心环节，是全面推进高校绩效管理提高教育资金使用效益的关键举措。但当前高校内部审计基本没有开展教育资金绩效审计与评价。部分高校内部审计虽开展了资金绩效审计，但还属于刚起步阶段，由于资金绩效审计体系不完善，绩效审计规章制度不健全，审计评价依据不充分，审计评价指标不科学，审计评价内容不完整以及绩效跟踪审计机制缺失等，高校内部审计开展的资金绩效审计与评价一般难以落实到位。

（二）原因分析

1.意识差，无权威

高校内部审计没有充分发挥保驾护航作用的原因有三点：一是其没有渗透到高校所有领域和每一个环节，审计制约作用和促进作用没有在广大教职工心目中达成共识。高校大部分教职工认为内部审计"碍手碍脚"，不利于教学科研快速发展，没有任何部门或个人主动申请内部审计，主动接受审计的意识差，主动要求审计的意识更差。二是高校内部审计缺乏独立性和权威性。当前高校内部审计部门与内部其他职能部门同级，出现"同级审同级，熟人审熟人"等现象，这也导致高校内部审计在审计过程中无法客观、公正、独立地进行检查、判断、分析和决定。内部审计业务不独立，结论自然受影响。三是分管高校内部审计的校级领导一般是校纪委书记，而纪委书记是在书记、校长的领导下开展工作的。内部审计工作是否被重视，是否能真正起到制约和促进作用，关键取决于校长、书记的态度和对内部审计工作的重视程度。

2.制度差，弹性大

当前高校内部审计体制不健全，机制不灵活，规章制度不完整，内部审计程序不规范，缺乏一个有机的内部审计法规体系。每个高校只制定了本校粗略的内部审计办法或规定，而具体的诸如预算审计规章制度、办法措施和规范流程，专项经费支出审计规章制度、办法措施和规范流程及审计整改检查制度、审计结果运用规定等，可能还是一片空白。

由于内部审计在高校缺乏独立性和权威性，干部职工缺乏内部审计意识，内部审计法制不完整、评价标准不适当、工作程序不规范等的影响，高校内部审计有时对人不对事，有时对事不重视，审计无规定，评价无标准，讲人情，走过场，重形式，轻实质，审计的随意性大，审计结论弹性大。

3.技术差，层次低

当前高校内部审计手段单一，方法落后，审计工作还停留在"人眼手工"状态，耗时费力，调查取证难度大。部分高校虽引入计算机辅助审计技术，但因人员素质和业务技能的限制，难以发挥计算机辅助审计在网络管理、数据处理上的优势，审计工作效率不高。再加上高校内部审计还停留在事后的财务收支审计和经济责任审计层面，以财务数据为核心，把内部审计界定在合法合规性审计层面，既没有根据高校实情开展事前、事中跟踪审计，也没有向管理审计、绩效审计、内部控制审计和服务审计方面发展和延伸，审计层次较低，效果较差。

4.机构弱，人手少

当前部分高校内部审计均与监察、纪检部门合署办公，"三块牌子一套人马"，内部审计机构职能弱化，缺乏应有的独立性和权威性。同时高校专职内部审计人员少，知识单一，更新缓慢，缺乏深厚的审计专业知识，处于边学边干、边干边学的状态，审计业务素质和职业道德不高，法律法规意识不强，对审计的程序和方法理解不透，再加上高校经济业务越来越多，各种违法违纪手段越来越隐蔽，现有内部审计人员很难在审计过程中发现问题，有时即使发现了问题也会怕打击报复等各种有罪不敢查清，或不想查清，或难以查清，查清了也难以处理彻底等，从而导致审计结果质量不高、效果不好、无人重视，审计权威性树立不起来。

三、高校强化内部审计的应对策略

高校要想充分发挥内部审计保驾护航的作用，实现内部审计常态化、规范化、主动化，主要领导重视是关键，健全内部审计制度是重点，增加审计人员是基础，改进技术手段是条件，提升综合素质是保障，优化保驾护航是归宿。

（一）强化内部审计意识，突出内部审计权威

高校主要领导对内部审计的重视程度直接决定了内部审计的独立性和权威性；广大干部群众对内部审计的理解与支持程度直接决定了内部审计的生存环境和生存空间；专职审计人员的综合素质和内部审计规范体系直接决定了内部审计制约、促进作用的全面发挥。审计好不好，关键看领导，发展好不好，群众是依靠，效果好不好，素质占主导。因此，强化高校内部审计意识，突出内部审计权威是充分发挥内部审计保驾护航作用的核心。

（二）健全内部审计制度，统一审计标准

高校应当根据《中华人民共和国审计法》《教育系统内部审计工作规定》等法律法规，针对当前实际，结合未来发展趋势，健全内部审计体制，搞活内部审计机制，全面修订、补充、完善本校内部审计的规定、标准、要求、流程，制定并严格实施校内预算审计办法、专项资金绩效审计办法、审计整改检查办法及审计评价结果运用规定等，明确内部审计机构和内部审计人员的职责权利和被审计部门及被审计中层干部的义务，把每一条规定、标准、要求写明列细，形成一个有机的内部审计法规体系，才能做到审计有法规，工作有要求，评价有标准，结果有应用，规定到位，措施对点，找准穴位，对症下药，加强审计计划管理、质量管理、风险管理等，最终实现内部审计规范化、制度化、程序化、标准化、精细化管理。

（三）增加内部审计人员，提升综合素质

当前，个别高校现有内部审计人员数量严重不足，综合素质极为低下，难以有效发挥内部审计监督、评价、促进和制约的作用。高校在突出内部审计权威性，改变全体干部职工"怕审计，恨审计"陈旧落后观念的同时，要从内部审计人员着手。打铁要靠本身硬，审计要靠人完成，"人"在内部审计中是唯一不可缺少的关键要素。因此，在安排岗位和人员时应当向内部审计部门倾斜，优先增加审计人员数量，提高审计人员待遇，并加强审计人员综合素质培养，注重审计职业道德教育，大力提升审计人员综合审计能力，全力打造一支政治过硬，道德高尚，业务全面的高素质审计队伍，真正实现内部审计人员"要审、会审、能审、敢审"。

（四）更新审计理念，采用先进手段

面对新形势，高校内部审计首先应除旧革新，更新审计理念，转变审计观点，创新审计手段，不应只局限于"出了问题才来审，领导要求才来审"，要充分发挥内部审计的积极性、主动性和创造性，"找准穴位，对症下药，早下药，下猛药，求实效"，一定要找准当前高校预算管理、内部控制管理、工程管理及绩效管理方面存在的问题及弊端，提早开始审计，开展事先、事中审计监督，及时提出建设性的意见和措施，堵塞漏洞，杜绝舞弊；其次必须更新审计设备，配备性能优良的计算机及其他辅助设备，建立内部审计信息化网络平台，及时传达国家政策法规、审计法规、处罚规定、案例警示等，准确、高效、快捷地传递内部审计正能量；最后必须改进审计手段，充分运用现代先进科学技术和网络优势，针对高校教学管理、资产管理、财务管理、工程管理、科研管理等，运用计算机设计一套高效适用的内部审计软件体系并与财务系统、管理系统、校园网平台衔接，建立和完善内部审计对象数据库，积极探索跨专业数据整合、多数据综合分析的计算机审计方法体系，不断提高审计效能和信息化水平，着力培养审计人员熟练掌握和运用计算机技术的能力，实行无纸化审计，努力做到远程审计、联网审计，全面推行内部审计信息化工作，提升内部审计综合水平，着力解决高校领导重视、职工关切的热点、难点问题。

（五）深化预算审计，提高预算效果

预算既是高校对人、财、物进行优化配置、控制、使用和管理的关键，又是高校领导层和管理层执行有效经济活动责、权、利明确划分的制度保障和资金保障，涉及高校教学科研活动和每一个业务环节，对高校健康可持续发展起到至关重要的作用，是高校合理安排资金、提高资金使用效益的支柱。因此必须深化高校预算审计，把审计监督、评价贯穿预算全过程，以全面发挥内部审计对预算编制、执行、调整及其结果的监督、检查、考核、评价作用，保证预算执行的效果，促进预算目标的实现。

（六）健全经济责任审计，保证廉洁勤政

开展并强化领导干部任期经济责任审计制度，是从源头上预防和治理腐败，推进依法治校，促进党风廉政建设，强化干部管理和监督，促进领导干部廉洁自律认真履行工作职责的重要举措。高校对内部审计应当做到"思想上重视，工作中支持，经费上保障，行动上协调，结果上应用"，坚持"两手抓，两手都要硬"的战略方针，坚持"全面推进、突出重点、健全制度、规范管理、提高质量、深化发展"的工作思路，进一步解放思想、探索创新，以建立健全经济责任审计工作管理体制和运行机制为目标，以深化审计内容、完善审计评价和强化审计结果运用为重点，以审计规范化建设和干部队伍建设为保障，认真履行审计监督职责，坚定不移地贯彻党中央反腐倡廉的方针政策和各项工作部署，提高经济责任审计工作质量和水平，有效发挥经济责任审计在加强干部管理监督、建立健全惩治和预防腐败体系、促进经济社会科学发展、推动完善高效活力等方面的积极作用，真正实现"源头防腐，过程监腐，结果惩腐"，给高校廉洁勤政一个洁净的天空。

第六章 高校财务风险管理

第一节 高校财务风险概述

近些年,随着我国高等教育事业的快速发展和高等教育体制改革的逐步深入,给高校带来了巨大、深层的影响,引起了高校财务运行状况的剧烈波动,使得高校财务管理工作面临更为复杂多变的外部环境,高校的筹资环境也发生了较大变化。这都给高校财务风险管理提出了新要求,而现有的高校财务风险管理模式亟待完善。因此,有必要对高校财务风险进行深入探讨。

一、风险和高校财务风险的定义

(一)风险的定义

风险,就是生产目的与劳动成果之间的不确定性,大致有两层含义:一种定义强调了风险表现为收益不确定性;而另一种定义则强调风险表现为成本或代价的不确定性,若风险表现为收益或者代价的不确定性,说明风险产生的结果可能带来损失、获利或是无损失也无获利,属于广义风险,所有人行使所有权的活动,应被视为管理风险,金融风险属于此类。而风险表现为损失的不确定性,说明风险只能表现出损失,没有从风险中获利的可能性,属于狭义风险。风险和收益成正比,所以一般积极进取的投资者偏向于高风险是为了获得更高的利润,而稳健型的投资者则着重于安全性的考虑。

通俗地讲,风险就是发生不幸事件的概率。换句话说,风险是指一个事件产生我们所不希望的后果的可能性与某一特定危险情况发生的可能性和后果的组合。

从广义上讲,只要某一事件的发生存在着两种或两种以上的可能性,那么就认为该事件存在着风险。而在保险理论与实务中,风险仅指损失的不确定性。这种不确定性包括发生与否的不确定、发生时间的不确定和导致结果的不确定。

有学者对风险进行了分类，他认为风险产生于实际收益与预期收益的差异。造成这些差异的原因可以分为两大类：公司持有风险和市场风险。详细区分下去可以发现有五种来源：项目特有风险、竞争风险、行业特有风险、国际风险、市场风险。

（二）高校财务风险的定义

高校财务风险是指高校在运营过程中，由于主观上对结果预测不足或因自身难以承受的经济活动而导致的损失，或由于在经济运行中客观上会突然出现的政策变动、政治形势波动等造成的经济损失，如由于各种人为、非人为因素而使高校无法偿还贷款、不能支付各种欠款等风险。在高等教育经费不足、高校筹投资形式单一的情况下，高校的财务风险是不可能消失的。

对高校财务风险进行界定，有利于确定财务风险管理边界，并为其提供理论支撑。目前对高校财务风险的定义主要从负债和不确定性两个视角展开。

1.负债风险视角下的高校财务风险

从高校财务风险问题受到学者和社会各界的广泛关注开始，在很长一段时间内，许多研究者都将高校财务风险等同于负债风险。将高校财务风险单纯界定为负债风险，有其特定的历史背景，也能切实地反映国内许多高校的风险来源，但是该定义也存在一定的局限性。虽然负债风险是目前我国高校扩招情况下的首要风险，也是最显著的风险，但并不代表高校全部的风险，高校在运营过程中的其他不确定因素同样会导致财务风险。如果仅仅将高校财务风险定义为负债风险，那么对其他风险因素的忽略必然不利于对高校财务风险的全面控制和管理。

2.不确定性视角下的高校财务风险

这种观点借助风险的概念对高校财务风险进行了界定。由于风险是未来结果的变化性，或者关于不愿发生的事件发生的不确定性的客观体现。因此龚建英等人将高校财务风险定义为高校在运营过程中，由于内外部环境因素的变化及作用所形成的财务状况不确定性，从而使高校蒙受损失，造成其不能充分承担其社会职能、提供公共产品，乃至危及其生存的可能性。认同该定义的学者认为，高校财务风险是客观存在的，它反映了人们对高校财务状况的预期结果与实际结果之间的变动程度，可以用客观尺度来衡量。

通过对以上各种高校财务风险定义的梳理和评析，笔者认为，对高校财务风险的理解，必须从风险的本质及高校财务风险的成因、特性和影响出发，提出一个更广义、全面、科学的概念。笔者认为，高校财务风险是高校在运营过程中，由于委托代理关系、财务治理、非营利性等因素内外部作用所形成的财务状况的不确定性。这种不确定性一方面可能使高校蒙受损失，造成其不能充分承担社会职能、提供公共产品，乃至危及其生存；另一方面也可能给高校带来跨越式发展的契机，促进高等教育质量的提高和社会的进步。

二、高校财务风险的特征

高校作为非营利组织，其组织目标与资金管理与企业有着本质的差别，高校的支出没有补偿性，产品没有盈利性，资金周转缺乏再生能力，财务风险亦有别于企业。高校财务风险的特征可归纳为以下五个方面：

（一）现金流障碍是风险显现的本质特征

我国高等教育的跨越式发展中，资金问题一直是困扰高校发展的重要方面。由于高等教育是社会的公共产品，高校的资金本身不具有增值性特征。长期以来，我国高校资金的取得与使用都会在明确资金的供应渠道与方式的前提下进行，一般不通过高校自身信用形成负债资金，因而高校比较缺乏财务风险的意识。

（二）短期集中爆发

从社会舆论的报道，到对高校资金管理的调查分析，事实表明，我国高校在资金上的问题不是局部的，而是整体的。高校大额贷款产生的筹资风险是我国高校在迅速扩张中的集中反映，其演变过程与我国高等教育发展中的政策导向有着密切关系，也是政府、高校与银行等金融机构共同作用的结果。

（三）长期隐性存在

在高校贷款引发高校财务风险的同时，我们关注高校资金运营的自身规律。高校在资金投入总量和目标任务的配比、财政投入的模式和结构、收支配比、预算管理等方面的问题也是我国高校财务风险长期存在的隐性原因。

（四）举债风险突出

在筹资方面，目前我国公办高校教育经费来源中，除了"债"是有偿的，需要到期还本付息以外，其他教育经费筹资方式都属于无偿性的财力支持。所以筹资风险是指高校向银行等金融机构进行过度举债或不良举债后产生的严重影响教学科研和人才稳定等不良后果的可能性。邬大光也对高校大规模举债表示担心，提出应该注意公办高校贷款不断增加所蕴含的潜在的财务危机和金融风险。

（五）存在校办产业投资与连带责任风险

我国高校的投资主要包括两个方面：一是对校办产业投资；二是其他对外投资，包括债券投资和其他投资。这两种投资都存在着投资期满本金难以收回的风险，校办产业还可能会给高校带来相关的连带责任。因此，对高校投资风险的分析包括两个方面的内容，既要关注到期难以收回本金的风险，还要关注校办产业的连带责任风险。

三、高校财务风险的类型

不同的学者对高校财务风险的分类有不同的看法：有的学者将高校财务风险分为筹资风险、资金结构风险、管理风险和决策风险；有的学者将高校财务风险分为财务状况失衡风险、债务风险、校办产业风险、财务失控风险等。目前，我国多数学者认同的对高校财务风险的分类是将其分为财务状况总体失衡风险、负债风险、校办产业风险三种。

高校财务状况总体失衡风险是指一个高校的财务状况在进行中长期平衡过程中的失衡现象，也就是说流动资金有可能短缺，出现发不出工资、没有现金用于日常开支等现象。高校负债风险是指高校向银行等金融机构进行过度举债或不良举债后产生的严重影响教学科研和人才稳定等不良后果的可能性。校办产业风险是指校办产业内部的财务风险以及与其相关的高校连带责任风险。基于这些分类，笔者将高校财务风险分为由筹资活动引发的财务风险（即筹资风险）、由投资活动引发的财务风险（投资风险）和由其他原因引发的财务风险三类。

（一）筹资风险

筹资风险是高校财务风险中最主要的风险，指高校在其财务运转过程的筹资环节，存在的不能筹集资金和无法偿还债务的可能性。

高校进行负债筹资多是为了扩大办学规模，提高办学质量、办学效率、核心竞争力。根据财务杠杆作用的原理，当高校负债投入项目的增量收益率高于负债利息率时，由于杠杆作用，会提高办学的整体经济效益，反之，亦会形成财务杠杆风险，降低办学的经济效益。目前各高校的扩招，使得高校的资金大部分流向扩建校园以及基础设施建设，这种投资本身不会形成快速的收益，收益缓慢且有很大的不确定性，因此现金性财务困难和长期的偿债压力也会随之而来。

筹资风险又可以分为如下几类：

1.过度举债风险

高校教育事业的快速发展和经费短缺之间的矛盾，使得许多高校都在举债进行自我发展。随着高校之间的竞争加剧，各高校使用资金的数额变得越来越庞大，许多高校正逐渐陷入过度举债的泥潭。人们对高校银行贷款的认识，还存在着较大的误区。《中华人民共和国高等教育法》第三十条规定：“高等学校自批准设立之日起取得法人资格。高等学校的校长为高等学校的法定代表人。高等学校在民事活动中依法享有民事权利，承担民事责任。”随着社会主义市场经济体系的日益规范和法制的不断健全，贷款不还已经越来越没有可能，因此高校筹资应避免盲目举债。

2.债务期限风险

在负债中，长期负债与短期负债的比例结构也是产生风险的原因之一。一般来讲，债务的期限越短，到期不能支付本息的风险就越大，债务的期限越长，融资风险就越小。因此，对于大多数高校，相对于预期现金流产生的时间，债务期限如果能够安排得越长，风险就变得越小。反之，若比例安排失当，财务风险便会相应增加。

3.再筹资风险

扩招带来的规模效应使得高校负债比率加大，相应地对债权人的保障程度降低，在很大程度上限制了高校从其他渠道增加负债筹资的能力。

4.利率变动风险

利率风险包括纯利率风险、通货膨胀风险、违约风险、变现风险和再投资风险。每一种风险的变动都影响利率的升降。利率的增长必然增加高校的负债资金成本，抵减了预期收益，从而使学校筹资时所负担的筹资费用较高，承担的筹资风险也较大。利率的变动与国家的宏观财政货币政策息息相关，有可能使得借款筹资或其他方式的筹资变得更加困难。

5.到期无法偿还风险

高校所需的办学资金最主要有如下几个来源：财政拨款、事业性收费、校办产业收入等。如果加以仔细分析，会发现高校到期无法偿还贷款的风险在很大程度上是存在的。首先，对高校的财政拨款虽然每年都在增加，但比起高校扩张的速度，增加的幅度是十分有限的。其次，高校扩招带来的事业性收费虽然是增加的，但由于学生人数的增加，学校的教学设备、师资力量的配备也是相应增加的。所以事业性收费纯增加的那部分资金能否足额偿还利息及本金，还需要仔细规划。另外，校办产业虽然能够给高校带来部分收益，但高校毕竟不同于营利性组织，不可能如企业一样完全依靠生产经营活动偿还贷款，它提供的资金也是十分有限的。

6.外部环境变化风险

金融环境、经济环境、文化环境等的变化也会带来筹资风险。外部环境的变化是难以准确预见和无法改变的，任何一所高校都不可避免地存在此类风险，而高校对环境变化的适应能力和应变能力普遍较差，这无疑增加了筹资风险。

（二）投资风险

《高等学校财务制度》规定："对外投资是指高等学校依法利用货币资金、实物、无形资产等方式向其他单位的投资。高等学校应当严格控制对外投资。在保证学校正常运转和事业发展的前提下，按照国家有关规定可以对外投资的，应当履行有关审批程序。高等学校不得使用财政拨款及其结余进行对外投资，不得从事股票、期货、基金、企业债券等投资。国家另有规定的除外。高等学校以实物、无形资产等非货币性资产对外投资的，应当按照国家有关规定进行资产评估，合理确定资产价值。"这表明，高校可以利用货币资金、实物、无形资产等向校办产业和其他单位投资，这可以使高校利用闲置资金增值，与此同时，投资风险也随之而来。如果决策失误，很可能造成学校资源的损失。还可能由于计划、决策、程序、制度等失误重复建设项目，导致学校资产损失。由于对外部环境和复杂经济势态缺乏合理的预见，高校管理较为滞后，加之尚未建立起适应社会主义市场经济体制的内部财务控制机制，往往会进行盲目投资或错误投资，从而造成巨大经济损失。

高校的投资,简单地可以分为对内投资和对外投资,风险也相应区分为对内的投资风险和对外的投资风险。

1.高校对内的投资风险

在高校内部形成投资风险的主要因素有两个:一是项目投资失败。在投资进行之前,一般而言,高校需要对投资计划做全面的市场调研,但在实际的操作中,却往往存在着盲目立项、快速上马等问题,最终导致投资的失败。主要表现有:首先,在进行相应的投资决策中,缺少可行性分析或论证不充分,没有充分考虑市场的需求情况,盲目扩招和设置专业,从而导致生源较少。其次,盲目拓展办学形式,在扩招举债的压力下,出现了许多政企结合的大学、二级学院等。这些政企结合的大学、二级学院等生源质量低、教学设施差、师资力量差、教学质量差,难以符合市场的需求。二是资金投向不合理。高校的经营失败有时并非因为项目投资失败和市场的定位不准,而是失败在资金的投向不合理上。大学之所以是大学,并非学校之大,而是有学者,有高水平的师资队伍。当前,高校投资取向往往注重的是学校的硬件设施,而对教师的教学科研水平、生活福利水平重视不够、投资不够,留不住高水平的人才,这种不合理的投资取向,势必影响投资的收益。

2.高校对外的投资风险

提到高校对外的投资风险,首先想到的一定是校办产业的风险,连带责任风险即为高校所要承担的风险。高校作为主要投资者,对校办产业要负责任,一旦校办产业清算破产,学校要负连带责任,学校要承担投资份额内的校办产业财务风险,因而会对学校财务状况造成影响。

高校对校办产业连带责任风险产生的原因有以下几点:

第一,事企不分。长期以来,校办企业单一的所有制结构,造成了严重的事企不分。目前多数高校对各企业的管理是从经理的任命到公司人员的安排,从投资决策到经营手段都要干预。结果企业既没有独立的人事权,也没有独立的财务权,大事小情受制于人,导致自主经营能力很差。由于没有法人资格,校办产业不能独立承担民事责任,其财务风险实际上是由高校来承担的。

第二,所有者缺位。学校既是委托人,又是代理人(接受国家委托,代理国有资产),同时还要派出并非资产所有者的代表作为委托人,造成实际上的所有者缺位,因而在企业投资和经营决策时,特别是在投资失误和经营亏损后,找不到责任的承担者。

第三，委托监督不力。许多高校在承担财务风险的同时，对校办产业疏于监督管理，相当数量的校办企业存在着财会制度不健全、审计监督不严格的现象。经营者权力膨胀、盲目决策、挥霍浪费、中饱私囊等问题时有发生。

（三）由其他原因引发的财务风险

除了筹资风险和投资风险，高校还存在着一些由其他原因引致的财务风险，笔者将其归类为管理类风险。筹资活动和投资活动引发的财务风险是高校面临的利用银行贷款举债发展，投资于资本市场、校办企业的风险；而管理类风险则是所有高校普遍面临的难题。

管理类风险主要是指因学校财务管理方面的违规、缺位或疏漏等，造成学校出现投资失误、管理失控、资金被骗、存款流失、公款私分、挪用贪污等情况或实际损失而形成的风险。管理类财务风险主要表现在以下四个方面：

第一，财务管理制度不健全或形同虚设，内部控制不严，对学校领导或财务部门的负责人缺乏约束力。有的领导或财务负责人违反管理规定调动资金，而制度又无法制约，这就埋下了隐患。

第二，监督机制不够健全，监管不到位，管理缺乏力度。目前高校的二级财务违规情况很严重，"账外账""小金库"问题突出，动辄数百上千万元。资金用度的不规范，增加了高校的财务风险。

第三，工作人员无视国家有关规定和财经纪律，违规出借学校资金，致使学校资金无法收回或者需要承担连带经济责任，无形中增加了财务风险。

第四，部分高校无视高校财务工作的预算性质，盲目搞"赤字预算"，入不敷出，导致财务困难，甚至于难以维持日常开支的运转，财务风险大大增加。

四、高校财务风险的成因

（一）高校未能及时预防财务风险

许多学校的财务风险并不是没有端倪的。许多高校的财务管理方式比较落后，观念比较落后，未能及时利用各种财务信息发现风险，从而导致财务状况越来越差，最终导致风险的扩大,以至于危机爆发,学校无法应对。在我国,长期以来,各大高校都处于政府统一的管理之下,由政府解决学校的各类财务问题,因此学校不需要对财务负责,自然不用考虑其中的风险。改革开放后,高校的财务管理权利回到了自己手中,但有些高校仍沿用老方法,坚持老观念,未对当前高校的发展规模作具体的财务规划,而是随大流,盲目扩建。高校的风险防范意识不强,未能及时对财务风险进行监测与防范,是高校财务风险的主要成因。

(二)高速度的扩建扩招是高校财务风险重要的诱发因素

随着高校大规模地扩建扩招,高校的学生增加,这自然需要更多的教学设备和设施。此外,高校还须提高教学质量,用更多的资金引进教师,这使得学校因扩招而取得的利益虽然有所增加,但是学校的支出也在不断增加。因此,许多高校采用银行贷款来弥补资金不足,以维持学校的正常发展。这样一来,学校虽然暂时得以正常运转,但是学校接下来需要每年向银行支付高额的利息。这也使高校的财务达到了承载负荷的极致,财务风险问题更加突出。

(三)筹资渠道过窄引发不合理的资金结构

财务的资金结构主要是指学校各项收入的来源不同,各项收入的比重不合理。虽然各大高校现在可以采取向社会融资的方式吸引资金。但是,高校的资金来源却不太合理。在政府财政预算支持无法满足学校的需要的情况下,学校向外界借债成了重要的集资方式。这种债务使得学校在未来的发展中,一直背负着沉重的债务和利息,这使得高校每年收益的相当一部分都用于还款还息,使高校财务状况越来越严峻。此外,一些高校没有制订详细的还款计划,使得财务问题更加突出。

(四)预算管理约束不力是高校产生财务风险的主观原因

教育事业具有公益性,学校的经营运转主要靠学生的学费以及政府的财政支持。因此,无论是以前还是现在,学校对财务状况都与学校的财务管理方式密切相关。目前,许多高校的财务风险主要是由高校大规模向银行贷款以扩大学校规模引发的,其次是由于工程款拖欠及各种应付未付款项的逐年积累,使高校资金短缺,这也给高校教育事业的正常发展带来了不利影响。这就要求高校考虑学校的长期财务规划与当下现状的适应性问题。但是，在目前，高校面临名目繁多的评估、检查、考核，已不堪重负，常常不甚关注学校的长期目标，而是致力于解决当下的发展难题，导致学校的中长期发展规划中对财务资金预算的编制缺乏科学性、可执行性，满足不了新形势下对高等教育事业的可持续发展要求。

第二节　高校财务风险的评价

在日益激烈的竞争环境下，财务风险管理能力已成为高校核心竞争能力之一。提升财务风险管理的地位，加强财务风险管理，不仅可以提高办学资金使用效益、提高高校竞争能力和管理能力，而且还能为高校的改革、发展和稳定起到保驾护航作用。

一、高校财务风险的识别

风险源、风险传导机制、风险受体是风险得以形成并产生影响的三个基本方面。

（一）风险源

风险源为对高校财务正常运作产生不利影响的内外部因素。

1.外部风险源

近些年，各大高校纷纷扩招。而基础设施的建设必然需要大量资金的投入，在国家财政投入不足的情况下，高校势必将依赖银行贷款，以解决扩建的资金瓶颈。高校会计制度将教育事业费和教育基建投资分开建账，未能客观直接地反应基建工程所带来的潜在财务风险。

2.内部风险源

目前高校财务管理者的队伍普遍业务水平不高，这些管理者长期从事高校财务教育和管理工作，对外界接触较少，对有些财务前沿知识也未能及时掌握。甚至有些高校的财务一把手并不是财务专业毕业，也未从事过任何与财务相关的工作，缺少财务方面的风险管控意识。再加上潜意识中存在政府买单的思想，为财务风险的发生埋下隐患。

（二）风险传导机制

风险从风险源产生，必须经过一定的媒介即传导机制才能产生其应有的破坏力。此时，高校薄弱的内部控制体系和日趋形式化的审批、监督流程助其一臂之力，使风险作用于风险受体，对高校财务甚至高校基本的教育科研事业产生不利影响。

（三）风险受体

高校的风险接受者，最主要的还是全校师生。一旦发生财务风险，其强大的破坏性，将影响高校基本的教育事业、科研事业的可持续发展。此外，高校所在的地方经济、社会、文化等发展也将受此影响。一直以来，地方政府与高校相辅相成、互促发展，高校一旦发生财务风险，地方政府除受到财政压力外，还会影响其他方面的发展。

二、高校财务风险评价体系的建立原则

（一）科学性原则

评价指标要做到内容完整，既不重复也不遗漏，既独立又能相互补充，指标体系要能反映公办高校财务风险的基本特征。

（二）整体性原则

风险评价体系要有整体性，不能用单独一个指标来反映高等学校的财务风险，要综合运用多个指标，否则会产生很大的局限性。但指标的数量又不可以过多，指标体系要进行优化组合，从而体现高校财务风险评价的重点。

（三）可比性原则

设立指标时，要充分考虑各个指标间的通用程度以及可比性。通过学校与学校之间、指标与指标之间的比较，对高校的财务风险进行充分、有效的评价。

（四）动态原则

指标体系的建立，要坚持动态完善的原则，不断根据高校的实际发展情况，对指标及时进行调整，以使其保持最高的精确度和准确性。

三、高校财务风险评价体系的构建

高校财务风险评价预警指标的建立，要科学合理，要能全面、系统地反映学校面临的财务风险。在指标的选取上，要具有代表性、重要性和灵敏性。通过对当前我国公办高等学校的财务风险的现状分析，并结合其他学者的研究成果，笔者认为，普通高等学校目前的财务风险主要体现在偿债能力、财务管理及对校办企业投资这三个方面，在这里针对这三类风险建立了财务风险评价指标体系。其中，偿债能力评价指标是核心指标，校办企业投资风险、财务管理风险评价指标为其辅助指标。

（一）偿债能力评价指标

1.资产负债率

资产负债率指的是高校的负债总额与资产总额之比。资产负债率＝负债总额/资产总额×100%。它表明高校通过举债筹集的资金占资产总额的比重，用于衡量高校利用债权人所提供的资金来进行经营管理的能力，同时也反映了债权人投入资金的安全程度。通常，资产负债率越小，资产对债权人的保障程度就越高，高校举债的潜力越大。此项比率越高，高校的长期偿债能力越差。资产负债率以多大为宜，不同的国家、地区、行业不尽相同。在我国，对于企业而言，一般认为资产负债率低于 50%比较合适；而高校与一般企业不同，负债不能过高，该比率不超过 30%较为合适。

2.流动比率

流动比率是高校的流动资产与流动负债之比。流动比率＝流动资产总额/流动负债总额×100%。它主要用来衡量高校流动资产在短期债务到期前可以转化为现金用于偿还流动负债的能力，体现高校的短期偿债能力。从保障债权人的利益和保证高校的支付能力来看，此项比例越高越好，但综合来看，流动比率应当有一个合理的限定。在评价流动比率时，不仅要关注比率本身，还应注重分析流动资产各项目的构成状况，要具体分析是否变现能力较差的材料、应收账款等所占的比例过大，或者是流动性极强但盈利能力较弱的货币资金比重过大。对于企业，流动比率等于或稍大于 200%较为合适，高等学校也可参考这个区间，取 200%作为警戒线。

3.现金流动负债比率

现金流动负债比率＝流动负债/年末货币资金×100%。这个比率从现金流量角度来反映高校偿还即将到期的贷款的能力，其在高校中应用效果与企业类似，反映的是高校货币资金储备对外债的承受程度。现金负债比越高说明财务风险就越大。根据高校的自身特点，这个指标应处于较低水平，一般不超过 10%，越小越好。

4.现实支付能力

现实支付能力＝年末货币资金/（全年总支出额/12）。该指标体现的是高校年末结存货币资金能供学校正常支付的周转月数，可衡量高校最近稳定的支付能力。这一指标值的大小，代表实际支付能力的强弱，一般来说该指标最好大于 3 个月。

5.累计贷款占总资产的比率

累计借款占总收入的比率＝借入款累计数/资产总额×100%。这个指标反映的是学校的累计贷款额占当年高校全部资产的比重。学校累计借款总额是指学校历年从校外获得的货币资金形态的借款总金额。累计借款总额与总资产的比率反映了以学校规模筹集资金的程度，比率越大，预示学校借债比率越大，财务风险越大。

（二）校办金业投资风险评价指标

1.长期投资基金占非流动资产基金的比率

在新的高校会计制度下，非流动资产基金包含长期投资基金、固定资产基金、在建工程基金、无形资产基金等几部分。这里的投资，指的是对校办企业的投资。长期投资基金占非流动基金的比率＝长期投资基金/非流动资产基金×100%。该比率数值越小，反映高校用于对外投资的资金越少，从而高校的投资风险也就越小。

2.校办产业资产负债率

校办资产负债率指的是高校校办产业的负债与资产之比，反映了校办企业的长期偿债能力。该比率越高，企业的长期偿债能力越差，其经营风险也越大，从而给高校可能带来的连带责任风险也就越大。所以，校办企业应保持适度的资产负债率。校办产业资产负债率＝负债总额/资产总额×100%。校办企业与高校特殊的关系，和一般企业不同，资产负债率不应过高，一般不超过 40%。

3.校办企业速动比率

速动比率是校办企业速动资产与流动负债之比，它更精确地体现了一个单位的短期偿债能力。速动资产是指流动资产中剔除掉变现能力较差资产（存货、预付账款、待摊费用等），能够在比较短的时间内变现，从而偿还短期即将到期的债务。速动资产主要包括现金、银行存款、短期投资、应收账款、应收票据等。校办产业速动比率＝速动资产总额/流动负债总额。这个比率也不是越大越好，不同的行业和企业应有所差别。一般认为，正常的速动比率应为 1 以上，即速动资产应至少能抵付流动性债务，企业才能按期偿还到期的短期负债，企业的负债风险较小。校办企业的速动比率警戒线定为 1。

（三）财务管理风险评价指标

1.应收款占流动资产比率

应收款占流动资产比率＝年末应收及暂付款余额/年末流动资产×100%。该指标反映的是年末高校的应收及暂付款余额占流动资产的比率。这个指标体现了高校的资金回收情况，可以反映出高校资金的使用效益的高低，以及高校的财务管理水平。指标数值越低，表明高校的应收及暂付款对资金的占用越小，资金回笼越好，学校的财务管理水平越高，财务风险越小。根据我国高校的目前的情况，该指标值不应超过 50%。

2.银行存款保障率

银行存款的数量反映高校财务的现实支付能力，能反映出高等学校各项资金的综合调节能力，体现了高校的财务管理水平。银行存款保障率＝负债/年末货币资金余额。该比率的数值越小，说明高等学校的债权人的投入资金的保障程度越高，学校资金调剂能力越强，风险较小。反之，指标值越大，债权人的投入资金的保障程度越低，学校的财务管理水平越低，风险越大。结合我国当前高等学校的基本情况，该项比率的预警线为 6%。

3.自筹收入能力比率

自筹收入是指高校除了财政拨款外的各种收入，包括教育事业收入、附属单位缴款收入、校办产业收入、经营收入、捐赠收入、其他收入等。自筹收入越多，说明高校的资金来源渠道越广，自身的创收能力越强，对国家财政拨款的依赖程度就相对越低，高校自我发展能力越强。自筹收入能力比率＝本年自筹收入/本年总收入×100%。该指标值越高越好，根据现高校行业的一般评价标准，预警线应设置在50%。

第三节 高校财务风险的防范

在复杂的宏观经济情况下，我国高校在面临新机遇的同时也迎来更多风险和挑战，高校管理部门应该充分认识到财务风险管理的重要性，加强风险管理意识，结合自身实际情况和战略管理目标，制定切实可行的方案，做好财务风险的防范工作，从而提高高校财务风险管理水平。

一、高校扩张性财务风险的防范

（一）树立风险意识，提高决策的科学性

风险是客观存在的，但其是否发生是不确定的。所以高校应树立风险意识，特别是领导层必须将风险防范意识贯穿决策工作的始终。建设开发新校区，要根据学校发展的需要，认真制定学校发展的总体规划，在正确评估学校偿还贷款本息能力的基础上，科学确定贷款总量，合理设置贷款警戒线，做好每个贷款项目的可行性研究，对贷款资金数量进行科学设计，以保证贷款建设项目的科学性、合理性和效益性。高校独立办学、自负盈亏、具有独立承担民事责任的资格，学校贷款的风险，学校必须承担。因此，为了减少偿债风险，负债必须适度。

（二）多渠道筹措资金，开源节流增强还贷能力

财政拨款是高校经费来源的主要组成部分。对于这部分拨款，管理上以节流为主同时还要采取开源措施。随着招生规模的扩大以及高等教育成本的上升，高校的各种支出日趋增加，仅仅依靠财政拨款难免会导致资金周转困难。高校要改变传统的筹资方式，克服对财政拨款的依赖，积极寻找新的筹资渠道。首先，要下大力气解决学费欠缴问题。

学费的收缴率要与学院、系、职能处室的经费挂起钩来，同时要建立健全"奖、贷、助、补、减、捐"的助学体系，落实助学贷款、奖学金、困难补助、学费减免等措施，组织贫困学生开展勤工助学活动，从根本上解决贫困学生的欠费问题。其次，要多争取科研课题和经费，加速科技成果的转让，走产、学、研的发展道路，扩大学校的影响。

（三）利用高校自身资源，积极争取老校区上市等多种途径解决还贷压力

首先，目前高校的许多老校区都处于所在城市的黄金地段，其地产价格高，通过出让原有的部分校区，可以筹集大量的自主资金。这种校区置换方法是化解贷款风险的有效途径之一。其次，充分发挥高校自身知识密集型的优势、人才优势和科技优势，尽快把科学技术转化生产力，积极开拓科技服务和社会服务渠道。第三，努力争取社会企业对教育的支持，包括引进企业资金，与信誉较高的企业进行合作办学，接受企业或个人捐赠等。第四，推进高校后勤社会化管理，通过剥离后勤服务人员、减少后勤设施投入来减轻学校教育经费的负担。

（四）建立有效的财务风险预警系统

所谓财务风险预警系统就是指高校在现有财务管理和会计核算的基础上，设置一些科学化的财务指标，通过分析和评价这些指标的变化，及时揭示潜在的问题，对可能或将要面临的财务危机进行预防的一种财务分析系统。目前，高校财务风险预警系统的设置主要是确定财务预警指标和设立科学的财务预警标准。按目前的高校财务会计制度，可以用四个方面的指标来判断高校财务风险。

第一，反映支付能力的指标：包括现实支付能力和潜在支付能力。第二，反映年末货币资金构成的指标：包括自有资金余额占年末货币资金的比重、非自有资金余额占年末货币资金的比重和自有资金净余额占年末货币资金的比重。第三，反映资金动用程度的指标：主要考察自有资金动用的程度。第四，隐性连带财务风险指标：校办产业财务风险、基建投资支付能力和基建投资财务风险。在建立指标体系的基础上，还需要确定一个警戒线。如现实支付能力的警戒线定为 3 个月比较合适；自有资金占年末存款的比重低于 50%的，应采取措施调整资金结构；自有资金动用程度超出 100%则应考虑偿还能力；校办产业和基建投资的负债率若大于 100%，就意味着资不抵债，就可能影响学

校的财务状况等。

（五）加强科学预算和财务管理，提高会计信息质量

高校的财务预算是合理配置学校资源的有力手段,其内容包括收入预算和支出预算两个方面。在收入方面，高校要积极拓展筹资渠道，争取社会力量捐资助学，以不断壮大学校的经济实力。在支出方面，应在先满足基本支出后满足项目支出的原则下，保证预算从编制、执行到调整的科学规范，改进预算编制办法，尽量采取先进的零基预算或弹性预算编制方法，细化项目预算，制定科学合理的定额，严格控制开支，增强预算编制的严肃性、合理性和有效性。

高校要在《中华人民共和国预算法》的基础上，完善适应市场经济需要的财务体系，使财务支出在预算编制、执行、监督、检查等活动中规范地进行，不断提高会计信息的质量。保证会计信息质量要从两个方面入手：一是要转变理财观念。高校财务工作要与时俱进，从事后算账向事前预测、事中控制、及时分析方面转变。二是要培养高素质的财务工作团队。通过内部学习的沟通交流机制，创造共同学习、定期培训的良好环境，实行奖优罚劣，提高财务人员的素质，增强财务人员的责任感，建立一支在新形势下从容应对挑战的财务管理专业队伍。

（六）防范财务风险的方法

防范财务风险的方法很多，但其中的分散法应该是高校防范财务风险的重要方法之一。由于市场需求具有不确定性、易变性，所以分散风险可以采用多种办学模式，通过开展各种短期培训、继续教育等分散全日制学生生源缺乏时带来的财务风险。另外，应充分发挥各院（系）的办学自主权，多渠道多途径提高收入，鼓励院（系）通过学院办学资源创收。比如积极争取开展各种英语、计算机、导游、执业医师等等级证书的考试及各种培训活动。对创收部分，高校应建立创收管理办法进行财务管理。对创收的收益，除上缴学院的一部分外，其余部分院（系）可自由支配，可优先用于院（系）硬软件环境建设。

二、高校融资风险的防范

（一）多元化融资策略

多元化发展性融资是高校防范贷款风险最有效的手段,除常用的以老校区土地置换方式获取新校区建设资金外，还可以选择如下融资形式：

1.校企联合

校企联合主要有以下几种形式：企业提供资金委托高校培养人才和进行科研开发等,高校依靠自身教学与科研优势为企业相关服务；双方共同出资建造学校等。依托高校科研、人才密集的优势，借助校企联合，高校可以实现科技成果转化，获得一定的经济效益。

2.BOT 融资

BOT（build-operate-transfer，建设-经营-转让），是私营企业参与基础设施建设,向社会提供公共服务的一种方式。BOT 融资具体实施步骤为：高校提供土地，与项目公司签订基础设施建设合同；由项目公司融资建设学生公寓、食堂等经营性设施；投资方通过经营收取使用费或服务费，回收投资；合同期满，高校收回设施所有权。

3.TOT 融资

TOT（transfer-operate-transfer，移交-经营-移交），作为一种引入外资的方式，目前主要是面对国外投资者，但实际上并不排除我国有实力的私营企业、金融机构、基金组织等参与投资。具体做法是：双方在签订特许经营协议后，把已经投产运行的基础设施项目移交给对方经营若干年，一次性融得一笔资金，用于建设新的基础设施项目；特许经营期满后，合作方再把该设施无偿移交给高校。在我国经济发展现阶段，积极采用BOT、TOT 方式发展直接融资，对加快高等教育发展尤为必要。BOT、TOT 融资方式为我国实力雄厚、潜力巨大的民间资本进入高等教育领域提供了契机，有利于充分利用国内资源，调整产业结构，优化资源配置。

4.债券融资

债券融资有两种形式：一是由政府出面发行国债性质的高等教育专项债券。高等教育是一种准公共产品，政府可以发行具有高度公益性的高等教育债券，在债券利率、税收方面给予相应的优惠政策，由政府财政担保。二是高校可凭借自身的声誉发行一定数量的大学债券，以缓解高校发展资金需求的"燃眉之急"。

（二）以资金承受力来控制贷款规模，以财务报表中的若干指标分析贷款规模

学校财力能承受的资金成本是控制贷款规模的重要依据。由于借款后学校每年必须支付贷款利息，所以，预算中能用于支付利息的资金额度就成为决定学校贷款规模的最大极限。第一，预算中确定自筹基建经费的额度是在扣除维持学校正常运转的基本支出后用于发展的建设资金。根据利息资本化的要求，编制预算时应将在建项目所用贷款的利息安排在自筹基建经费中支付，故在建项目利用贷款总额的利息不仅要小于年度预算安排的自筹基建经费，而且要保留一定量的资金用于学校安排的非贷款基建项目。第二，已建成项目尚未偿还贷款的利息不能超过学校预算安排的财务费用。如果学校财力连支付利息都困难的话，显然就是贷款规模过大，财务负担过重。

（三）利用社会资源，发展高等教育

利用社会资源，与社会相关企业、科研院所共同成立共用的实验室、实习场地等，共同承担开发相关项目，服务于学校与社会。这样一方面可以减轻学校的压力，另一方面可以充分利用较为先进的设备提高教学科研质量和水平。

（四）分类管理

高等学校理财者要善于对不同类型的负债进行恰当规划，及时清偿。在短期负债与长期负债的管理中，短期负债到期日近，容易出现不能按时偿还的风险，理财者必须搞好短期的现金调度，保证其及时足额偿还；长期负债的偿还时间较长，金额一般较大，可将长期负债总额按借款期限平均分摊，每期提取等额偿债资金，这样在长期负债到期时就有足够的偿债资金。

参 考 文 献

[1] 蔡雪辉.内部控制视角下高校财务管理探究[J].南京审计学院学报，2013（3）：104-110.

[2] 陈军.高校财务管理中存在的主要问题和对策研究[J].时代金融，2012（14）：100.

[3] 戴美英.对高校财务管理体制改革的一些思考[J].时代金融，2012（14）：117，119.

[4] 杜世海.高校财务管理目标的转变及实现路径探讨[J].财经界，2021（26）：139-140.

[5] 关群.浅谈高校财务管理目标的转变及实现路径[J].当代会计，2019（22）：76-77.

[6] 刘荣仙，魏道宁，赵新红.高校财务管理存在问题的成因及对策分析[J].河北职工医学院学报，2004（2）：76-77.

[7] 骆光荣，程波，吴鸿彬.高校财务管理存在的问题、成因及对策分析[J].南昌航空工业学院学报（社会科学版），2004（4）：46-49.

[8] 马悦.高校财务管理存在的问题及对策分析[J].时代商家，2021（2）：68-69.

[9] 庞若通.试论高校财务管理人员思想素质建设[J].沧州师范学院学报，2012，28（2）：99-101.

[10] 彭宇飞.试论新财务制度对高校财务管理的影响[J].行政事业资产与财务，2014（36）：167-168.

[11] 宋银佳.高校财务管理目标的转变及实现路径[J].农村经济与科技，2019，303（14）：58-59.

[12] 孙怡文.大数据时代对高校财务管理的影响及对策分析[J].财经界，2016（17）：182，368.

[13] 王光霁.高校财务管理信息化建设现状及优化策略[J].金融经济，2019（8）：193-194.

[14] 王丽莉.新时期高校财务管理目标的转变及实现路径[J].财经界，2021（17）：

141-142.

［15］姚秀琦.高校财务管理存在的问题及对策[J].会计之友，2006（3）：50-51.

［16］张远康.新时期高校财务管理问题研究[M].天津：天津科学技术出版社，2019.